MIS RECETAS

PARA TODOS LOS DÍAS

Diseño de tapa e interior: Isabel Rodrigué

Fotografías: Eduardo Torres

Martiniano Molina

MIS RECETAS
PARA TODOS LOS DÍAS

grijalbo mondadori

Molina, Martiniano
    Mis recetas para todos los días.- 3ª. ed. - Buenos Aires : Grijalbo, 2003.
    304 p. ; 23x16 cm.

    ISBN 950-28-0294-2

    1. Cocina I. Título
    CDD 641.5

Primera edición: julio de 2003
Tercera edición: noviembre de 2003

IMPRESO EN LA ARGENTINA

Queda hecho el depósito
que previene la ley 11.723.
© 2003, Editorial Sudamericana S.A.®
Humberto I 531, Buenos Aires.

www.edsudamericana.com.ar

ISBN 950-28-0294-2

Publicado por Grijalbo S.A. bajo licencia
de Editorial Sudamericana S.A.®

Amigos. Una palabra con la cual mi amigo Dani me dijo que podía comenzar este prólogo. ¿Y por qué no? Cuando me preguntan por qué cocino, yo respondo que para mí es lo más natural del mundo, porque soy mi mejor amigo.

Para mí, cocinar es vivir. Y yo vivo, y también por eso cocino.

¿Cuándo empecé a cocinar? La verdad es que provengo de una familia típica argentina en la que la cocina es el centro de reunión, donde se charla absolutamente todo, donde se ríe y se llora. Y entre guisos y tortas y los ravioles de la abuela la vida transcurre. Mis viejos cocinan muy bien, mis hermanos también y yo soy el peorcito de todos. En realidad nunca me propuse ser cocinero, yo simplemente cocino. Y mi actividad diaria, que es mucha, hace que necesite momentos de relajación, de estar conmigo, y ése es el momento de la cocina, que no es un momento solamente, sino todo el día. Cocino en la tele, cocino en la radio, cocino en los cursos, para este libro, en casa, y como siempre cocino para ese gran amigo, lo hago con muchísimo amor.

Cuando cocino en mi casa con Eleonora y Violeta, mi hija, es para mí un gran aprendizaje. Estoy convencido de que aprendo más de ella que ella de mí. Solamente basta observar a los chicos con detenimiento sin esperar absolutamente nada de ellos y eso es la octava maravilla del mundo... o la primera, ¿no?

Este libro es el resumen de más de 3.000 recetas que venimos realizando desde hace años. Cuando muchos colegas me dicen que la verdadera cocina es la del restaurante, yo les respondo que a mí me seduce más cocinar todos los días platos distintos y que eso pone constantemente a prueba nuestra creatividad, y a la vez pienso que esas recetas van a ser apuntes y referencia de hombres y mujeres que nos siguen. De ahí nuestro compromiso con la gente de realizar recetas simples, con ingredientes que habitualmente utilizamos.

No podrían faltar las recetas del amor: el tuco quemado de mi vieja, las tortas fritas de Flora, la torta peruana de mi abuela, el colchón de arvejas de papá, etc.

Espero que disfruten este libro y que lo utilicen y encuentren en la cocina el mismo secreto que yo encontré: el amor.

ÍNDICE

ÍNDICE DE RECETAS

Chancho

Pollo

Índice

Vegetales

Pescados y mariscos

Índice

Dulces

13

Carne vacuna

◼ BIFES DE CHORIZO CON SALSA DE PUERROS Y PAPAS RELLENAS

Tiempo de preparación: 15 minutos
Tiempo de cocción: 40 minutos
Menú: Plato principal
Porciones: 4

INGREDIENTES

4 bifes de chorizo de 300 g cada uno
aceite de oliva
sal gruesa
Salsa:
4 puerros
1 diente de ajo
150 de vino blanco
300 cm³ de crema de leche
ciboulette fresca
Guarnición:
4 papas medianas y parejas con piel
8 cucharadas de queso crema
100 g de queso parmesano
100 g de panceta ahumada

PROCEDIMIENTO

En una plancha con aceite de oliva dorar los bifes de lado y lado. Retirar, colocar en una fuente para horno y espolvorear con sal gruesa. Terminar la cocción en horno fuerte hasta el punto deseado.
Picar el puerro y el ajo finamente. Saltearlos un instante en una sartén con aceite de oliva. Agregar vino blanco y cocinar hasta evaporar el alcohol. Añadir la crema de leche y reducir hasta obtener una consistencia algo espesa. Salpimentar y agregar ciboulette fresca picada. Reservar en caliente hasta el momento de servir.
Cocinar las papas con cáscara en horno fuerte hasta que estén tiernas. Retirar y enfriar. Cortar a la mitad.
Saltear la panceta cortada en bastones hasta dorar.
Mezclar el queso crema con la panceta en cubos previamente salteada, sal, pimienta y ciboulette picada. Colocar esta mezcla sobre cada mitad de papa. Espolvorear con queso parmesano rallado y gratinar en horno bien caliente hasta dorar.
Servir cada bife con la guarnición de papas y la salsa de puerros.

■ Bifes de chorizo con vino tinto y aceto

Tiempo de preparación: 20 minutos
Tiempo de cocción: 40 minutos
Menú: Plato principal
Porciones: 4

Ingredientes

4 bifes de chorizo de 300 g cada uno
aceite de oliva
sal gruesa
pimienta negra recién molida
Salsa:
300 cm^3 de vino tinto
300 cm^3 de aceto balsámico
tomillo fresco
Guarnición:
400 g de papines (papas chicas)
50 g de manteca
perejil fresco
pimentón

Procedimiento

En una sartén, plancha o parrilla caliente con aceite de oliva dorar los bifes de lado y lado. Bajar el fuego y cocinar hasta el punto de cocción deseado. Salpimentar.
En una olla reducir el vino tinto y el aceto balsámico con el tomillo hasta lograr un cuarto del volumen de líquido inicial. Salpimentar al final.
Cocinar los papines con cáscara en agua hirviendo con sal hasta que estén tiernos.
Retirar, escurrir y dorar en una sartén caliente con manteca. Salpimentar y espolvorear con perejil picado y pimentón.
Servir los bifes con la guarnición de papines crocantes y la salsa de vino y aceto que puede ser utilizada fría o caliente.

CARPACCIO DE LOMO CON OLIVAS NEGRAS

Tiempo de preparación: 3 horas
Menú: Entrada
Porciones: 4

INGREDIENTES

400 g de lomo
Emulsión:
1 yema de huevo
jugo de 1 limón
gotas de salsa tabasco
1 cucharada de mostaza de Dijón
100 g de aceitunas negras
100 g de rúcula fresca
100 g de queso parmesano rallado grueso
tomillo
aceite de oliva
sal
pimienta negra

PROCEDIMIENTO

Limpiar el lomo. Envolver en papel film y reservar en el freezer durante 4 horas.
Cortar láminas bien finas, colocar en los platos de presentación y reservar en frío cubiertos con papel film hasta el momento de servir.
Limpiar las hojas de rúcula y secar bien.
En un recipiente procesar la yema, la mostaza, el jugo de limón, la sal, la pimienta negra recién molida, el tabasco, el tomillo y emulsionar con aceite de oliva.
Cubrir con esta emulsión el carpaccio de lomo y disponer por encima las hojas de rúcula, aceitunas negras fileteadas y parmesano rallado. Rociar con un poco de un buen aceite de oliva.

■ Colita de cuadril con mayonesa de pepinillos

Tiempo de preparación: 15 minutos
Tiempo de cocción: 25 minutos
Menú: Entrada
Porciones: 4-6

Ingredientes

1 colita de cuadril
2 zanahorias
2 puerros
2 cebollas
4 dientes de ajo
hierbas frescas
2 tazas de caldo de carne
1 taza de vino blanco
sal y pimienta
aceite
Para la mayonesa:
1 taza de mayonesa
100 g de pepinillos agridulces
jugo de 1 limón
hierbas frescas picadas

Procedimiento

Cortar la zanahoria, los puerros y las cebollas groseramente. Machacar los ajos.
En una sartén caliente y con aceite dorar la colita de cuadril por todos sus lados. Salpimentar y reservar.
En una fuente para horno armar un colchón con todas las verduras. Disponer la carne por encima y espolvorear con hierbas frescas.
Rociar con el caldo y el vino.
Hornear a temperatura fuerte durante 20 minutos.
En un recipiente mezclar la mayonesa, el jugo de limón, los pepinillos picados y las hierbas frescas y condimentar con sal y pimienta negra recién molida.
Servir la carne fileteada y acompañar con la mayonesa de pepinillos.

■ CUADRIL CON CEBOLLAS AL VINO TINTO Y CROCANTE DE BATATAS

Tiempo de preparación: 15 minutos
Tiempo de cocción: 25 minutos
Menú: Plato principal
Porciones: 4

INGREDIENTES

4 bifes de cuadril de 350 g cada uno
sal fina
pimienta negra molida
Guarnición:
16 cebollitas medianas
3 tazas de vino tinto
tomillo
2 cucharadas de azúcar
2 batatas
aceite para freír

PROCEDIMIENTO

En una sartén caliente y con un pedacito de grasa de la carne dorar los bifes de cuadril de lado y lado. Salpimentar, retirar y terminar la cocción en un horno fuerte hasta el punto de cocción deseado.
En una olla colocar las cebollitas. Cubrir con el vino tinto y llevar a fuego bajo. Agregar el azúcar y el tomillo y cocinar hasta que las cebollitas estén tiernas. Salpimentar y reducir el líquido de cocción hasta llegar a una salsa bien espesa.
Cortar las batatas en láminas finas y luego en tiras del tamaño de un fósforo. Freír en abundante aceite caliente hasta dorar. Retirar y escurrir sobre un papel absorbente. Salar.
Para la presentación servir la carne y las cebollitas junto a las batatas y salsear con la reducción de vino tinto.

21

◼ CHINGOLITO A LA CERVEZA "PARA LOS PADRINOS"

En general cocinaba mamá con la ayuda de papá. Éste es uno de los recuerdos más vivos que tengo de cuando los padrinos Adolfo, Eduardo, Marita y Ricardo venían a casa a cenar. Qué aromas, qué recuerdos, cuánta felicidad...
Gracias viejos y gracias padrinos...

Tiempo de preparación: 20 minutos
Tiempo de cocción: 1 hora aproximadamente
Menú: Plato principal
Porciones: 6

INGREDIENTES

1 chingolito de 1,6 kg
3 huevos duros
perejil fresco
5 cucharadas de queso rallado
aceite
1 kg de cebollas
1 litro de cerveza negra
sal
pimienta negra

PROCEDIMIENTO

Picar los huevos duros y mezclar con queso rallado y perejil picado. Incorporar aceite y salpimentar.
Realizar un corte longitudinal en el centro del chingolito y mechar con la mezcla. Atar con hilo de cocina.
Saltear la cebolla picada en una olla con aceite. Añadir la cerveza negra.
Dorar el chingolito en una sartén caliente con aceite. Incorporar a la cerveza hirviendo. Cocinar tapado media hora. Destapar y continuar la cocción para que el líquido reduzca durante media hora más.
Servir en una fuente cortado en rodajas y acompañar con puré de papas.

Empanadas cordobesas de Gustavo

Tiempo de preparación: 30 minutos
Tiempo de cocción: 30 minutos
Menú: Entrada
Porciones: 20 empanadas aproximadamente

Ingredientes

Masa:
- 4 tazas de harina
- 1 cucharada de pimentón
- 200 g de manteca en punto pomada
- 1 taza de agua
- sal

Relleno:
- 3 cebollas
- 1 kg de carne picada
- 1 lata de tomates al natural
- ¾ taza de azúcar
- 2 cucharaditas de pimentón dulce, ají molido, orégano y comino
- 50 g de aceitunas verdes sin carozo
- 50 g de pasas de uva
- sal
- pimienta negra recién molida
- grasa de pella para freír

Procedimiento

Formar una corona de harina y en el centro colocar sal, manteca y pimentón. Unir todo mientras se incorpora agua fría.

Dejar descansar media hora en la heladera. Estirar y cortar en círculos del tamaño deseado.

Picar las cebollas y freír en una olla con aceite. Una vez tiernas, agregar la carne picada. Cocinar 7 minutos e incorporar el tomate previamente desmenuzado. Tapar y cocinar 20 minutos a fuego bajo, revolviendo de vez en cuando. Apagar el fuego y condimentar con pimentón, ají molido, orégano, comino, sal y pimienta. Añadir las aceitunas picadas, el azúcar y las pasas de uva. Dejar enfriar y llevar a la heladera al menos por 12 horas.

Armar las empanadas y freír en abundante grasa de pella.

23

▪ EMPANADAS DE LA JUVENTUD

Receta de mi madre y de mi tía. Las hacían, según cuentan los afortu-
nados, cuando se juntaban los compañeros de la facu. No los conocí,
pero les aseguro que estas dos muchachas cocinaban... y cómo.

Tiempo de preparación: 30 minutos
Tiempo de cocción: 30 minutos
Menú: Entrada
Porciones: 2 docenas

INGREDIENTES

Masa:
    1 kg de harina
    250 g de grasa de pella
    salmuera, cantidad suficiente
Relleno:
    300 g de grasa de pella
    3 cebollas
    1 y ½ cucharada de pimentón dulce
    1 kg de carnaza
    comino
    sal
    pimienta negra
    4 huevos duros picados
    50 g de pasas de uva (opcional)

PROCEDIMIENTO

Reunir todos los ingredientes de la masa y estirar finamente. Cortar
discos. Reservar tapados en la heladera.
Freír las cebollas picadas en grasa de pella. Condimentar con sal,
pimienta y pimentón dulce. Dejar enfriar.
Cortar la carne en cubos chicos. Disponer en un colador y pasar por
agua hirviendo removiendo hasta ablandar. Condimentar con sal, pimienta y comino.
Armar las empanadas con un poco de la carne y un poco de las cebollas fritas. Incorporar los huevos duros y pasas de uva si se desea.
Humedecer los bordes de la masa si es necesario y cerrar con repulgo. Disponer en una placa con el repulgo hacia arriba y cocinar en
horno fuerte hasta dorar.

■ Empanadas Zafija

Tiempo de preparación: 30 minutos
Tiempo de cocción: 20 minutos
Menú: Entrada
Porciones: 2 docenas aproximadamente

Ingredientes

Masa:
    1 kg de harina
    100 g de levadura
    sal
    1 cucharada de aceite
    agua, cantidad necesaria
Relleno:
    1 kg de vacío
    3 cebollas
    2 latas de puré de tomate
    perejil fresco
    ají molido
    sal
    pimienta negra

Procedimiento

Formar una corona con la harina. En el centro colocar la sal, el aceite, la levadura y el agua. Formar un bollo y amasar hasta lograr una
masa lisa. Dejar descansar tapado por 2 horas.
Estirar a medio cm de espesor y cortar cuadrados de 5 cm de lado.
Mezclar la carne picada a cuchillo, el perejil picado, el ají molido, la
sal, las cebollas picadas y el puré de tomate.
Disponer el relleno sobre los cuadrados de masa y apretar las cuatro
puntas formando una canastita, dejando el centro abierto.
Cocinar en horno fuerte hasta dorar.

ENTRAÑAS GRILLADAS CON SALSA BARBACOA Y GRATIN DE PAPAS

Tiempo de preparación: 15 minutos
Tiempo de cocción: 40 minutos
Menú: Plato principal
Porciones: 4

INGREDIENTES

1 kg de entrañas
Salsa:
    aceite de oliva
    1 cebolla
    1 pimiento rojo de lata
    1 cucharada de manteca
    1 cucharadita de extracto de tomate
    2 cucharadas de azúcar negro
    3 cucharadas de vinagre de manzana
    jugo de 1 naranja
    4 cucharadas de ketchup
    sal y pimienta
Guarnición:
    2 fetas de panceta ahumada
    4 papas medianas
    ½ taza de crema de leche
    100 g de queso rallado

PROCEDIMIENTO

Limpiar las entrañas quitándoles la piel que las recubre y grillarlas en una plancha o en la parrilla. Salpimentar.
Para el gratin de papas cortar láminas bien finas de éstas con la ayuda de una mandolina o con un cuchillo bien filoso.
Colocar las láminas de papa en una fuente para horno. Salpimentar entre capa y capa. Bañar con la crema y espolvorear con queso rallado y panceta picada. Cocinar en horno precalentado a temperatura alta hasta dorar la superficie y que las papas resulten tiernas.
Para la salsa barbacoa licuar todos los ingredientes.
Servir las entrañas acompañadas del gratin de papas y salsa barbacoa.

■ ENTRECOTES MARINADOS CON HINOJOS

Tiempo de preparación: 10 minutos
Tiempo de cocción: 25 minutos
Menú: Plato principal
Porciones: 4

INGREDIENTES

4 entrecotes de 200 g cada uno
ralladura de 1 limón
1 taza de aceto balsámico
1 taza de aceite de oliva
tomillo fresco
3 dientes de ajo
pimienta negra
sal
400 g de hojas verdes
1 bulbo de hinojo

PROCEDIMIENTO

En un recipiente colocar el aceite de oliva, el aceto balsámico, la ralladura de limón, el tomillo, el ajo cortado en finas láminas y la pimienta negra recién molida. Colocar los entrecotes dentro de esta marinada y dejar reposar durante 2 horas en la heladera tapado con papel film o de aluminio.
En una plancha bien caliente y con aceite de oliva, dorar los bifes por ambos lados. Bajar el fuego y continuar la cocción en la misma grilla hasta el punto de cocción deseado. Salar.
Cortar el hinojo en láminas finas. Preparar un aderezo con sal, pimienta, aceto y aceite. Aderezar el hinojo junto con las hojas verdes limpias.
Servir los bifes acompañados de la ensalada.

Para saber qué es el entrecote basta con que le quitemos la grasa y los nervios exteriores a un bife de chorizo. Qué ciencia, ¿no?

■ Gulasch con spaetzle

Tiempo de preparación: 20 minutos
Tiempo de cocción: 1 hora
Menú: Plato principal
Porciones: 4

Ingredientes

1,5 kg de cuadril
4 cebollas grandes
2 pimientos rojos
2 cucharadas de extracto de tomates
1 litro de caldo de carne
aceite
sal
pimienta negra recién molida
4 cucharadas de páprika
Spaetzle:
500 g de harina
250 g de leche
aceite
3 huevos
sal
pimienta
manteca

Procedimiento

Cortar la carne en cubos de 2 cm de lado, dorar en una olla con aceite y reservar. En la misma olla rehogar las cebollas y los pimientos picados finamente. Incorporar la carne y el extracto de tomates. Añadir el caldo de carne caliente, bajar el fuego y cocinar durante una hora, revolviendo esporádicamente. Salpimentar y agregar páprika unos minutos antes de servir.

Para los spaetzle mezclar todos los ingredientes en un bol hasta lograr una pasta algo líquida.

Calentar agua y sal en una cacerola. Colocar la pasta en un colador con agujeros medianos (de 3 mm aproximadamente). Empujar a través de los orificios para provocar su caída en el agua hirviendo.

Una vez que los ñoquis suben a la superficie retirar con una espumadera y enfriar en agua helada. Colar.

Saltear en abundante manteca y servir junto con el gulasch.

■ Lomo con puré de ajos y salsa oscura

Tiempo de preparación: 15 minutos
Tiempo de cocción: 1 hora
Menú: Plato principal
Porciones: 4

Ingredientes

1 lomo de ternera limpio
aceite de oliva
Puré:
4 papas medianas
5 cabezas de ajo
6 cucharadas de manteca
½ taza de leche
Salsa:
1 cebolla
1 zanahoria
1 puerro
500 cm³ de vino tinto Malbec
romero fresco
2 cucharadas de extracto de tomate
2 cucharadas de miel
3 cucharadas de salsa de tomate
sal
pimienta negra recién molida

Procedimiento

Cortar el lomo en medallones de 300 g cada uno. En una sartén con aceite de oliva sellar por ambos lados hasta dorar. Salpimentar. Retirar y terminar la cocción en horno fuerte hasta el punto de cocción deseado.
Cocinar las papas con cáscara en una olla con agua y sal. Una vez tiernas pelar y reducir a puré.
Colocar 4 cabezas de ajo en una platina para horno. Rociar con aceite y cocinar en horno a temperatura media durante 50 minutos. Retirar y extraer la pulpa. Reducir a puré y mezclar con el puré de papas. Colocar en una ollita y llevar a fuego bajo. Incorporar manteca, leche, sal y pimienta.
Para la salsa saltear cebollas, ajo, puerro y zanahoria junto con 2 cucharadas de miel hasta dorar muy bien. Agregar vino tinto, extrac-

29

to de tomate, romero y bajar el fuego. Reducir hasta la mitad de su volumen. Colar la salsa, agregar la salsa de tomate y volver a reducir hasta la mitad. Salpimentar y terminar la salsa con cubos de manteca fría.

Servir los lomos con el puré de ajos y la salsa oscura de vino tinto.

ALGUNAS SUGERENCIAS

DE MARTINIANO

El lomo se puede cocinar entero o a la parrilla, las papas y los ajos a las brasas envueltos en papel aluminio y la salsa sólo con unas brasas debajo de una ollita de hierro.
¡¡¡Espectacular!!!

LOMO CON SALSA DE JEREZ Y PURÉ DE HINOJOS

Tiempo de preparación: 20 minutos
Tiempo de cocción: 50 minutos
Menú: Plato principal
Porciones: 6

INGREDIENTES

1 lomo de ternera
Salsa:
2 cebollas
8 tomates secos
aceite de oliva
orégano fresco
100 cm³ de crema de leche
1/2 taza de jerez
sal
pimienta negra molida
Puré:
4 papas hervidas
4 hinojos
3 cucharadas de manteca

PROCEDIMIENTO

Limpiar el lomo. En una sartén caliente y con aceite de oliva dorar por todos sus lados. Salpimentar, retirar y terminar la cocción en un horno fuerte hasta el punto de cocción deseado.
En la misma sartén donde se doró el lomo saltear las cebollas picadas finamente hasta transparentar. Agregar los tomates secos previamente hidratados y cortados en juliana. Espolvorear con orégano fresco y rehogar durante 5 minutos.
Incorporar el jerez y reducir hasta evaporar el alcohol. Incorporar la crema de leche. Salpimentar y reservar.
Cortar en tiras finas el hinojo. En una olla con agua hirviendo con sal cocinar hasta tiernizar. Retirar del fuego y colar.
Reducir las papas a puré. Combinar con los hinojos y calentar a fuego suave. Añadir 3 cucharadas de manteca, sal y pimienta negra recién molida. Servir el lomo con la salsa de jerez y el puré de hinojos.

LOMO ENVUELTO EN PANCETA

Estos lomos los aprendí en el Restaurante del Gato Dumas, en la calle Junín, frente al cementerio de la Recoleta, sólo que los preparaba en una salsa de vino tinto junto con unas papas noisette. ¡¡¡Qué ricos los hacía!!!

Tiempo de preparación: 15 minutos
Tiempo de cocción: 20 minutos aproximadamente
Menú: Plato principal
Porciones: 4

INGREDIENTES

1,200 kg de lomo de ternera
2 hojas de laurel
4 dientes de ajo
tomillo fresco
aceite de oliva
8 fetas de panceta ahumada
Guarnición:
4 papas
aceite para freír
perejil fresco
ajo picado
sal
pimienta negra recién molida

PROCEDIMIENTO

Limpiar el lomo de grasa y nervios. Cortar en porciones de 300 g cada una aproximadamente.
Envolver cada porción con 2 tajadas de panceta ahumada y atar con hilo de cocina. Reservar.
En un bol colocar 2 dientes de ajo machacados, hojas de laurel, tomillo fresco y aceite de oliva. Colocar los lomos dentro de esta marinada y reservar en frío durante 2 horas.
En una plancha caliente dorar los lomos por ambos lados. Salpimentar, retirar y terminar la cocción en el horno hasta el punto deseado.
Pelar las papas y cortar en láminas bien finas. Luego cortar en tiras del tamaño de un fósforo. Feír hasta dorar. Escurrir sobre papel absorbente y salar. Condimentar con abundante perejil y ajo picados.
Servir los lomos acompañados de las papas doradas.

▓ MATAMBRE CRIOLLO DE FLORITA

La receta de Flora en realidad es un poco distinta. Lo cocina en un caldo bien sabroso durante aproximadamente 1 hora y 30 minutos en un hervor bajo. Después lo prensa con un par de tablas y le pone un buen peso encima.

Recuerdo el aroma y los sanguchitos... bueno, sanguchotes, que nos hacía con el matambre frío, mayonesa, mostaza, tomate, lechuga, etc., etc., etc. ¡¡Ja, ja, ja!!

Tiempo de preparación: 20 minutos
Tiempo de cocción: 2 horas
Menú: Entrada
Porciones: 12-15

INGREDIENTES

1 matambre
1 cucharada de pimentón
2 cucharadas de perejil picado
5 dientes de ajo
1 cucharada de orégano
3 huevos duros
2 zanahorias ralladas
1 lata de morrones
aceite de oliva
sal
pimienta
caldo de carne

PROCEDIMIENTO

Desgrasar el matambre. Colocar sobre la mesada de trabajo con la grasa hacia arriba. Salpimentar muy bien y agregar pimentón y orégano, perejil y ajo picados finamente. Rociar con aceite de oliva y reservar en la heladera durante 24 horas.

Disponer nuevamente sobre la mesada con el adobo hacia arriba. Agregar las zanahorias ralladas, los morrones y los huevos duros cortados en mitades. Enrollar y asegurar con hilo de cocina.

Envolver en papel de aluminio y cocinar en horno moderado con un poco de caldo de carne, durante aproximadamente 2 horas.

Retirar y colocar un peso encima durante 1 hora. Servir frío cortado en tajadas y acompañar con mayonesa casera y ensaladas frescas.

■ MILANESAS RELLENAS DE JAMÓN CRUDO Y ACEITUNAS NEGRAS

Tiempo de preparación: 20 minutos
Tiempo de cocción: 15 minutos
Menú: Plato principal
Porciones: 4

INGREDIENTES

4 milanesas de nalga
200 g de jamón crudo
150 g de aceitunas negras
sal
pimienta
3 huevos
300 g de pan rallado
Guarnición:
4 papas grandes
aceite para freír
Emulsión:
50 g de pepinillos
jugo de 1 limón
aceite de oliva

PROCEDIMIENTO

Cortar las milanesas por la mitad. Colocar sobre una de las mitades el jamón crudo, las aceitunas negras y salpimentar. Cubrir con la otra mitad y presionar muy bien. Pasar por pan rallado, huevos batidos y luego por pan rallado nuevamente. Enfriar durante unos minutos en la heladera.
Freír en abundante aceite de maíz y retirar el excedente de grasa sobre un papel absorbente.
Cortar las papas en cubos parejos de 2 cm de lado. Freír en abundante aceite hasta dorar. Secar sobre papel absorbente y salar.
Realizar una emulsión con los pepinillos, jugo de limón, sal, pimienta y aceite de oliva.
Servir las milanesas con las papitas doradas y la vinagreta de pepinillos.

MIS EMPANADAS SALTEÑAS

Tiempo de preparación: 30 minutos
Tiempo de cocción: 30 minutos
Menú: Entrada
Porciones: 15-18

INGREDIENTES

Masa:
  1 kg de harina 000
  150 g de grasa de pella
  400 cm³ de agua
  20 g de sal
Relleno:
  500 g de carne cortada a cuchillo (puede ser carnaza, paleta, roast beef, etc.)
  2 cebollas grandes
  4 cebollas de verdeo
  2 papas cortadas en cubos y hervidas
  1 cucharada de azúcar
  pimentón
  comino
  ají molido
  orégano
  sal

PROCEDIMIENTO

En un recipiente combinar la harina, la grasa de pella en punto pomada, sal y agua. Trabajar la masa hasta que esté lisa y homogénea. Estirar hasta un grosor de 2 mm aproximadamente y cortar en discos de 12 cm de diámetro. Reservar en frío hasta el momento del armado cubierto con papel film.
En una sartén caliente con aceite dorar la carne por todos sus lados. Agregar la cebolla picada finamente y rehogar durante 8 minutos. Incorporar la cebolla de verdeo picada y cocinar 5 minutos más. Condimentar con ají molido, comino, pimentón, orégano, azúcar y sal. Retirar del fuego. Dejar enfriar. Agregar la papa hervida cortada en cubos chicos y armar las empanadas.
Cocinar en horno precalentado a temperatura bien alta hasta que doren.

■ MOLLEJAS CROCANTES CON TOMATES CHERRY

Tiempo de preparación: 15 minutos
Tiempo de cocción: 20 minutos
Menú: Entrada
Porciones: 4

INGREDIENTES

1 kg de mollejas de corazón
100 cm³ de vinagre blanco de alcohol
aceite
jugo y ralladura de 2 limones
50 cm³ de vino blanco
200 g de tomates cherry
ciboulette
200 g de hojas verdes
sal
pimienta negra

PROCEDIMIENTO

Colocar las mollejas en una olla con 2 litros de agua y vinagre. Cocinar durante 8 minutos desde que rompa hervor. Retirar y cortar la cocción en agua helada. Cortar láminas de 1 cm de espesor. En una sartén caliente con poco aceite dorar las mollejas de lado y lado. Agregar la ralladura de limón, el vino blanco y reducir casi a seco. Añadir los tomates, el jugo de limón y saltear unos segundos. Salpimentar y espolvorear con ciboulette picada. Servir sobre hojas verdes.

◾ Niños envueltos

Tiempo de preparación: 20 minutos
Tiempo de cocción: 40 minutos
Menú: Plato principal
Porciones: 4

INGREDIENTES

700 g de bifes de nalga
sal
pimienta
aceite
1 cebolla
200 g de champignones
2 cucharadas de queso rallado
4 rodajas de pan lactal
leche, cantidad necesaria
1 huevo duro
perejil picado
caldo de verduras
200 cm^3 de crema de leche
ciboulette
2 cucharadas de curry
2 cucharadas de pimentón
gotas de tabasco

PROCEDIMIENTO

Limpiar los bifes y con la ayuda de un martillo de cocina aplanarlos. Salpimentar.
En una sartén con aceite saltear la cebolla picada finamente hasta transparentarla. Agregar los champignones fileteados y cocinar durante 4 minutos. Retirar.
Sumergir en leche el pan lactal sin corteza y cortado en cubos pequeños. En un recipiente mezclar el salteado de cebolla y champignones, el pan remojado, el queso rallado, el perejil, sal y pimienta.
Distribuir el relleno en el extremo de los bifes. Colocar un octavo de huevo duro y enrollar. Sujetar con palillos de madera y reservar.
En una sartén bien grande y con aceite dorar los niños envueltos de lado y lado. Agregar caldo de verduras caliente hasta cubrir levemente y cocinar a fuego medio durante al menos 20 minutos. Retirar la carne y reservar.

Incorporar la crema de leche y reducir a la mitad del volumen de líquido inicial. Salpimentar y espolvorear con ciboulette picada, curry, pimentón y tabasco. Calentar la carne dentro de la salsa.
Servir los niños envueltos con la salsa de crema y acompañar con arroz blanco.

Algunas sugerencias de Martiniano

Otra opción para este plato es cortar la carne en cubos chicos y saltearla junto con la cebolla y los champignones. Agregar el pan remojado y demás ingredientes, envolver en hojas de acelga previamente blanqueadas y por último en papel film. Cocinar en caldo de verduras caliente. Esta receta es una variante más sana, pero no por eso menos gustosa.

■ OJO DE BIFE EN COSTRA DE CHIMICHURRI

Tiempo de preparación: 15 minutos
Tiempo de cocción: 35 minutos
Menú: Plato principal
Porciones: 4

INGREDIENTES

1 ojo de bife de 1,200 kg
300 g de manteca
1 cucharada de orégano seco
1 cucharada de pimentón
1 cucharada de ají molido
1 cucharada de perejil fresco picado
2 dientes de ajo picado
200 g de pan rallado
Guarnición:
2 berenjenas
2 zucchinis
aceite de oliva
tomillo
sal
pimienta negra

PROCEDIMIENTO

Mezclar la manteca en punto pomada con el orégano, el pimentón, el ají molido, perejil y ajo, pan rallado, sal y pimienta negra. Reservar. En una sartén caliente con aceite de oliva dorar la carne por todos sus lados. Salar, retirar. Una vez tibia colocar la mezcla realizada anteriormente sobre la superficie. Colocar el ojo de bife en una fuente y cocinar en horno fuerte hasta dorar la superficie.
Cortar las berenjenas y los zucchinis en rodajas de 1 cm. En una plancha caliente y con aceite de oliva grillar los vegetales de lado y lado. Salpimentar y agregar tomillo fresco.
Servir el ojo de bife en porciones con la guarnición de vegetales grillados. A último momento rociar con aceite de oliva y pimienta negra recién molida.

Ossobuco con polenta especiada

Tiempo de preparación: 20 minutos
Tiempo de cocción: 2 horas
Menú: Plato principal
Porciones: 8

INGREDIENTES

8 ruedas de ossobuco de 4 cm de alto
aceite de oliva
2 cebollas
2 puerros
2 ramas de apio
2 zanahorias
3 dientes de ajo
200 g de panceta ahumada en fetas
2 tazas de vino tinto
2 litros de caldo de carne
4 cucharadas de miel
romero fresco
Para la polenta:
1 litro de caldo de verduras
700 g de polenta de maíz blanco
100 g de manteca
tomillo fresco
orégano fresco
ciboulette picada
sal
pimienta

PROCEDIMIENTO

Llevar el caldo de verduras a ebullición. Incorporar la polenta en forma de lluvia sin dejar de revolver y cocinar hasta que el contenido se despegue de las paredes de la olla. Condimentar con las hierbas picadas, sal, pimienta y manteca.
Dorar el ossobuco de ambos lados con 2 cucharadas de aceite de oliva. Agregar la panceta, las cebollas, los puerros, el apio, las zanahorias y el ajo, todo finamente picado. Cocinar durante 5 minutos. Agregar vino tinto y cocinar hasta evaporar el alcohol. Incorporar el caldo de carne, el romero y la miel. Cocinar durante 2 horas a fuego bajo.
Servir el ossobuco junto con la polenta especiada.

■ Pan de carne con ensalada de trigo

Tiempo de preparación: 20 minutos
Tiempo de cocción: 40 minutos aproximadamente
Menú: Plato principal
Porciones: 4-6

Ingredientes

1 kg de carne picada
2 huevos
1 cebolla
2 dientes de ajo
2 cucharadas de azúcar
1 pizca de canela
2 cucharadas de mostaza en polvo
tomillo y perejil frescos
½ kg de pan rallado
Ensalada:
400 g de trigo burgol
caldo de verduras
1 pimiento rojo y 1 amarillo
1 cebolla colorada
100 g de aceitunas negras
aceite de oliva
jugo de 2 limones
sal
pimienta negra recién molida

Procedimiento

En un recipiente mezclar la carne picada, la cebolla rallada y el ajo picado finamente. Agregar azúcar, canela, mostaza, perejil, tomillo, pan rallado, huevos, sal y pimienta negra recién molida.
Integrar todo muy bien y colocar en un molde previamente enmantecado. Espolvorear por arriba con pan rallado y cocinar en horno medio durante 30 minutos aproximadamente.
Cocinar el trigo en una olla con caldo de verduras. Retirar y colar.
Picar los pimientos y la cebolla finamente. En una sartén con aceite de oliva saltearlos durante 2 minutos. Agregar las aceitunas fileteadas y salpimentar. Mezclar el trigo con las verduras, rociar con aceite de oliva, jugo de limón y rectificar la sazón. Desmoldar el pan de carne y servir junto con la ensalada de trigo.

■ Strogonoff de lomo

Tiempo de preparación: 20 minutos
Tiempo de cocción: 1 hora
Menú: Plato principal
Porciones: 6

Ingredientes

1 lomo de 1,200 kg
sal
pimienta negra recién molida
2 cebollas medianas
200 g de champignones
2 cucharadas de manteca
½ taza de harina
½ taza de vino blanco
250 cm³ de caldo de carne
½ taza de crema de leche
2 cucharadas de mostaza de Dijón
pimentón

Procedimiento

Limpiar el lomo de grasa y nervios. Cortar en láminas de 2 centímetros de ancho aproximadamente y luego en tiras finas. Salpimentar y pasar por harina. En una sartén con manteca saltear el lomo hasta dorar. Retirar y reservar. En la misma sartén agregar cebolla picada finamente y rehogar hasta transparentar. Incorporar el vino blanco y evaporar el alcohol, luego agregar el caldo y reducir a la mitad. Agregar los champignones en cuartos y cocinar durante 1 hora. Agregar el lomo.
Añadir crema de leche y pimentón. Cocinar a fuego bajo durante 5 minutos. Para terminar incorporar la mostaza y salpimentar.
Servir el lomo con guarnición de arroz blanco.

■ T-BONE CON PAPAS

Tiempo de preparación: 35 minutos
Tiempo de cocción: 50 minutos
Menú: Plato principal
Porciones: 4

INGREDIENTES

4 T-bone de 350 g cada uno
aceite de oliva
3 papas chicas
50 g de panceta
1 cebolla grande
sal
pimienta
Salsa de vino tinto:
600 cm³ de vino tinto
2 echalottes
1 zanahoria
romero fresco
2 dientes de ajo
4 cucharadas de azúcar negro
70 g de manteca
gotas de salsa tabasco
2 cucharadas de páprika

PROCEDIMIENTO

En una sartén con aceite de oliva dorar los bifes por ambos lados. Salpimentar. Retirar y terminar la cocción en horno fuerte hasta el punto deseado. Rallar las papas. Saltear la panceta en cubos. Cortar la cebolla en láminas finas. Dentro de un bol agrupar las papas con el resto de los ingredientes. Salpimentar.
En una sartén con aceite de oliva disponer porciones de la mezcla en forma de círculos. Una vez dorado un lado, girar y dorar del otro. Reservar.
En la misma sartén donde se doró el bife saltear echalottes, ajos y zanahorias picadas finamente. Agregar el azúcar y saltear a fuego vivo hasta caramelizar. Incorporar vino tinto, romero fresco, bajar el fuego y cocinar durante 40 minutos. Colar la salsa, agregar páprika y tabasco, y reducir a la mitad de su volumen.
Terminar la salsa con cubos de manteca fría y salpimentar.
Servir los bifes con la gallette de papas y la salsa de vino tinto.

TAPA DE ASADO CON ENSALADA DE PALTA Y VINAGRETA DULCE

Tiempo de preparación: 15 minutos
Tiempo de cocción: 1 hora
Menú: Entrada
Porciones: 6-8

INGREDIENTES

1 tapa de asado de 2 kg aproximadamente
2 zanahorias
1 cebolla
2 ramas de apio
romero fresco
aceite de oliva
Ensalada:
2 paltas
1 planta de lechuga morada
1 planta de lechuga mantecosa
1 cebolla colorada
Vinagreta:
jugo de 1 limón
sal
2 cucharadas de miel
1 diente de ajo
aceite de oliva
pimienta negra

PROCEDIMIENTO

En una sartén bien caliente con aceite de oliva dorar la carne por todos sus lados. En una bandeja para horno colocar cebolla, apio, zanahorias cortadas groseramente. Disponer la tapa de asado encima de las verduras. Rociar con aceite de oliva, salar y agregar romero fresco. Llevar a horno precalentado a temperatura media y cocinar durante 45 minutos. Dejar enfriar a temperatura ambiente. Filetear en láminas finas.
Pelar las paltas, quitar el hueso y cortar en láminas. Cortar la cebolla en láminas finas y limpiar las hojas de lechuga. Combinar en un bol todas las verduras.
Para la vinagreta diluir la sal en el jugo de limón. Agregar la miel, ajo picado y emulsionar, con batidor de alambre, con aceite de oliva. Agregar pimienta negra recién molida y condimentar la ensalada.
Servir la carne fría junto a la ensalada fresca de palta.

▪ Tapa de nalga con chutney de manzanas y peras

Tiempo de preparación: 20 minutos
Tiempo de cocción: 1 hora
Menú: Plato principal
Porciones: 4-6

INGREDIENTES

1,5 kg de tapa de nalga
6 dientes de ajo
hierbas frescas picadas
3 cucharadas de aceite de oliva
Para el chutney:
3 manzanas verdes
3 peras
2 cebollas coloradas
3 cucharadas de pasas de uvas rubias
2 cucharadas de azúcar
1 taza de vinagre de manzana
½ cucharada de mostaza
1 cucharada de especias (canela, anís estrellado, cúrcuma, clavo, etc.)
2 chiles
sal y pimienta

PROCEDIMIENTO

En una sartén caliente con aceite de oliva dorar la carne por todos sus lados. Salpimentar. Colocar en una fuente junto con los ajos machacados y las hierbas frescas.
Hornear a baja temperatura durante 50 minutos.
Para el chutney, en una olla con aceite rehogar la cebolla picada finamente hasta transparentar. Incorporar las peras y manzanas cortadas en cubos chicos y los chiles picados sin las semillas. Cocinar durante 10 minutos junto con pasas de uva, vinagre de manzana, especias y mostaza. Agregar azúcar y mezclar hasta disolver.
Servir la tapa de nalga acompañada con el chutney tibio o frío.

■ TUCO CON CARNE QUEMADA DE MI VIEJA

Tiempo de preparación: 25 minutos
Tiempo de cocción: 1 hora
Porciones: 6-8

INGREDIENTES

1 pocillo de azúcar
1 colita de cuadril o 1 kg de carnaza en cubos
200 g de salchicha parrillera
1 pocillo de aceite
1 cebolla
1 pimiento colorado
1 zanahoria
2 latas de tomates
1 cucharadita de extracto de tomate
tomillo fresco
albahaca fresca
orégano fresco
1 hoja de laurel
1 taza de vino tinto
100 g de hongos secos
perejil fresco
3 dientes de ajo
sal
pimienta negra

PROCEDIMIENTO

En una cacerola realizar un caramelo con el azúcar. Disponer la colita de cuadril o la carnaza encima y dorar. Agregar las salchichas en trocitos y sin la piel.
Rehogar en aceite la cebolla y el pimiento picados. Agregar la zanahoria rallada, los tomates cubeteados y el extracto de tomate. Incorporar las hierbas frescas picadas, laurel, vino tinto y los hongos previamente hidratados. Cocinar a fuego lento durante 1 hora. Al final de la cocción agregar perejil fresco y ajo picados. Salpimentar.

◼ VACÍO EN COSTRA DE ALMENDRAS Y COMPOTA DE CEBOLLAS

Tiempo de preparación: 20 minutos
Tiempo de cocción: 50 minutos aproximadamente
Menú: Plato principal
Porciones: 4

INGREDIENTES

1 trozo de vacío de 1,5 kg
100 g de manteca
100 g de pan rallado
40 g de almendras molidas
3 cucharadas de perejil fresco picado
3 cucharadas de orégano fresco picado
Compota:
1 kg de cebollas coloradas pequeñas
100 g de azúcar
200 cm^3 de caldo de verduras
sal
pimienta negra recién molida
aceite de oliva

PROCEDIMIENTO

Limpiar muy bien el vacío retirándole toda la grasa.
En una sartén con aceite de oliva dorarlo por todos sus lados.
Salpimentar y reservar.
Mezclar la manteca en punto pomada con el pan rallado, las hierbas picadas, las almendras molidas, la sal y la pimienta negra recién molida.
Cocinar el vacío en horno medio durante 15 minutos. Retirar, dejar entibiar y cubrir con la pasta de almendras. Terminar su cocción en horno a temperatura media.
Cortar las cebollas en láminas. En una sartén con aceite de oliva dorar por unos minutos. Espolvorear con azúcar y agregar el caldo. Bajar el fuego y cocinar hasta lograr la consistencia de una compota. Salpimentar.
Servir el vacío junto con la compota de cebollas.

■ Vitello tonnato

Tiempo de preparación: 15 minutos
Tiempo de cocción: 1 hora
Menú: Entrada
Porciones: 10-12

INGREDIENTES

1 rama de apio
1 zanahoria
1 cebolla
1 peceto
1 hoja de laurel
sal
2 clavos de olor
3 filetes de anchoa
¾ litro de vino blanco seco
300 g de atún enlatado en aceite
2 yemas de huevo
2 limones
3 cucharadas de alcaparras
aceite de oliva
pimienta negra recién molida

PROCEDIMIENTO

Pelar y trozar la zanahoria y la cebolla. Lavar y picar el apio. Colocar las verduras en una olla junto con la carne, la hoja de laurel, los clavos y el vino. Tapar y dejar en la heladera durante 24 horas.
Añadir una cucharadita de sal y la suficiente cantidad de agua para que cubra la carne. Llevar a hervor y cocinar a fuego lento durante 40 minutos. Apagar el fuego y dejar en el líquido hasta que enfríe.
Escurrir el atún y los filetes de anchoa. Procesarlos. Añadir las yemas de huevo y 2 cucharadas de alcaparras junto con el jugo de ½ limón. Verter gradualmente un poco del caldo de cocción y el aceite de oliva, mientras se bate constantemente, hasta obtener una salsa cremosa. Salpimentar.
Cortar la carne en rodajas finas y colocar en una fuente para servir. Verter la salsa sobre la carne. Tapar y refrigerar durante 3 horas. Esparcir el resto de las alcaparras por encima y decorar con rodajas finas de limón.

CORDERO

■ BIFES DE CORDERO CON PAPINES Y SALSA SUAVE DE MENTA

Tiempo de preparación: 40 minutos
Tiempo de cocción: 20 minutos
Menú: Plato principal
Porciones: 4

INGREDIENTES

4 bifes de cordero de las costillas
aceite de oliva
Guarnición:
600 g de papines
50 g de manteca
2 dientes de ajo
Salsa:
2 rodajas de pan lactal
ciboulette
sal
pimienta negra recién molida
hojas de menta

PROCEDIMIENTO

En una sartén caliente con aceite de oliva dorar los bifes de cordero de lado y lado. Salpimentar y retirar. Terminar la cocción en horno fuerte durante 10 minutos.
Cocinar los papines en agua hirviendo con sal. Retirar y escurrir.
En una sartén con manteca saltear ajo picado finamente. Agregar los papines y saltear a fuego fuerte hasta dorar levemente. Salpimentar y espolvorear con ciboulette picada.
Quitar la corteza del pan lactal y cortar en trozos. Colocar en el vaso de la licuadora junto con las hojas de menta, ajo, sal y pimienta negra. Agregar aceite de oliva en forma de hilo y licuar hasta obtener una preparación lisa y homogénea.
Filetear los bifes y servir con los papines y la salsa suave de menta.

■ Costillas de cordero con fondue de morrones

Tiempo de preparación: 30 minutos
Tiempo de cocción: 25 minutos
Menú: Plato principal
Porciones: 4

Ingredientes

16 costillas de cordero (2 costillares medianos)
aceite de oliva
Marinada:
aceite de oliva
3 dientes de ajo
romero fresco
menta fresca
Guarnición:
4 pimientos rojos
2 echalottes
1 cápsula de azafrán
150 cm³ de vino blanco
2 berenjenas
2 dientes de ajo
jugo de 2 limones
tomillo
sal
pimienta negra recién molida

Procedimiento

Limpiar las costillas dejando los huesos descubiertos y libres de grasa. Colocarlos en un recipiente y cubrir con aceite de oliva. Aromatizar con romero, menta y ajo. Reservar en la heladera por tres horas. En una sartén caliente con aceite de oliva sellar por ambos lados. Salpimentar y terminar la cocción en horno fuerte durante 3 minutos. El punto de cocción debe ser rosado.
Quemar los pimientos sobre una hornalla. Pelar y cortar en cubos chicos.
En una sartén con aceite de oliva saltear las echalottes cortadas finamente. Agregar los pimientos y cocinar por unos minutos. Incorporar azafrán y vino blanco. Bajar el fuego y cocinar durante 15 minutos. Salpimentar.

Cortar las berenjenas en cubos con piel. En una olla chica con una buena cantidad de aceite de oliva saltearlas durante 5 minutos. Agregar el jugo de limón, abundante tomillo fresco y 2 dientes de ajo picados finamente. Cocinar durante 10 minutos más a fuego bajo y salpimentar.

En un aro armar una capa de berenjenas y sobre ésta una de la fondue de morrones. Servir las costillas junto a esta guarnición.

ALGUNAS SUGERENCIAS DE MARTINIANO

Cuando cocinamos costillas en el horno, es conveniente cubrir los huesos limpios con papel aluminio. Así no se quemarán durante la cocción y lograremos una mejor presentación.

El cordero combina muy bien con menta, miel, romero y tomillo. ¡No duden en utilizar estos ingredientes a la hora de cocinar y el éxito va a ser seguro!

■ Costillas de cordero con puré de berenjenas

Tiempo de preparación: 40 minutos
Tiempo de cocción: 40 minutos
Menú: Plato principal
Porciones: 4

Ingredientes

16 costillitas limpias de cordero (2 costillares medianos)
aceite de oliva
sal
pimienta negra recién molida
Puré:
2 berenjenas
2 cabezas de ajo
Guarnición:
1 zanahoria
200 g de lentejas hervidas
1 cebolla
1 zucchini

Procedimiento

Limpiar muy bien las costillas separándolas de a una.
En una sartén caliente con una cucharada de aceite de oliva dorarlas por ambos lados. Salar y retirar. Terminar la cocción en horno fuerte durante 3 minutos.
Quemar las berenjenas en la hornalla durante 4 minutos hasta que la pulpa esté bien tierna. Retirar, pelar y reducir a puré (se pueden hacer sobre las brasas).
Colocar las cabezas de ajo enteras en una placa para horno. Rociar con aceite de oliva y asar durante 40 minutos en horno medio. Extraer la pulpa de los ajos y reducir a puré.
En un recipiente combinar el puré de berenjenas con el de ajos. Salpimentar y agregar una cucharada de aceite de oliva.
Picar la cebolla y la zanahoria en cubos chicos. En una sartén caliente y con aceite de oliva saltear por unos minutos. Agregar el zucchini cortado en cubos y las lentejas. Saltear todo junto durante 5 minutos y salpimentar.
Para la presentación servir las costillas sobre el salteado de verduras. Acompañar con el puré de berenjenas.

COSTILLITAS REBOZADAS Y RATATOUILLE

Tiempo de preparación: 40 minutos
Tiempo de cocción: 40 minutos
Menú: Plato principal
Porciones: 4

INGREDIENTES

16 costillitas limpias de cordero (2 costillares medianos)
aceite de oliva
4 cucharadas de manteca
4 cucharadas de harina
leche, cantidad necesaria
pan rallado
2 huevos
sal
pimienta negra
Ratatouille:
1 zucchini
1 berenjena
1 pimiento rojo
1 pimiento verde
2 tomates
1 diente de ajo
tomillo fresco

PROCEDIMIENTO

Limpiar las costillas separándolas de a una. En una sartén caliente con aceite de oliva dorarlas por ambos lados. Salar y retirar.
Derretir la manteca y agregar la harina de golpe. Cocinar revolviendo constantemente durante 3 minutos. Incorporar leche para lograr una salsa espesa. Salpimentar y enfriar.
Untar las costillas con la salsa. Pasar por pan rallado, luego por huevo batido y por pan rallado nuevamente. Enfriar en la heladera y freír en abundante aceite hasta dorar.
Cortar las verduras en cubos pequeños. Pelar los tomates y cortar en cubos de igual tamaño, sin las semillas.
Saltear todos los vegetales por separado en aceite de oliva y terminar su cocción todos juntos en una olla tapada con tomillo fresco a fuego suave durante 5 minutos. Salpimentar.
Servir las costillas rebozadas con ratatouille.

CROQUETAS DE PAPA Y CORDERO

Tiempo de preparación: 30 minutos
Tiempo de cocción: 5 minutos
Menú: Entrada
Porciones: 4

INGREDIENTES

3 papas
200 g de carne de cordero
1 zanahoria pequeña
1 cebolla pequeña
1 diente de ajo
aceite de oliva
½ taza de vino tinto
1 taza de caldo de ternera o de cordero
sal
pimienta negra recién molida
hierbas frescas
2 cucharadas de manteca fría
harina
2 huevos
pan rallado
aceite para freír

PROCEDIMIENTO

Lavar las papas y hervirlas con piel en agua con sal. Pelar y reducir a puré. Salpimentar y reservar.
Picar la cebolla, la zanahoria y el ajo. Cortar la carne de cordero en cubos pequeños.
En una sartén caliente con aceite de oliva dorar la carne. Retirar y en la misma sartén saltear la zanahoria con la cebolla picadas finamente. Incorporar nuevamente la carne y añadir ajo picado. Incorporar el vino tinto y cocinar hasta evaporar el alcohol. Agregar caldo hasta cubrir la preparación y cocinar a fuego lento hasta que la carne esté tierna. Retirar el líquido y dejar enfriar la preparación.
Formar croquetas con el puré de papas frío y rellenarlas con la preparación.
Pasar por harina, huevo y por último pan rallado y enfriar en heladera. Freír en abundante aceite y escurrir sobre papel absorbente.

Calentar el jugo de cocción y espesar con cubos de manteca fría para lograr una salsa lisa y consistente. Incorporar hierbas frescas picadas.
Servir las croquetas acompañadas con la salsa caliente.

ALGUNAS SUGERENCIAS

DE MARTINIANO

Para obtener un puré de papas bien seco les recomiendo cocinar la papa entera con piel en agua hirviendo o al horno envuelta en papel aluminio. De esta manera, no absorberá líquido durante la cocción.
Una vez cocida, para reducirla a puré hay que pisarla en caliente y no procesarla porque así evitamos que se rompa el almidón. La papa procesada se vuelve gomosa, elástica.
Hagan la prueba y notarán la diferencia...

CURRY DE CORDERO

Tiempo de preparación: 20 minutos
Tiempo de cocción: 1 hora
Menú: Plato principal
Porciones: 6

INGREDIENTES

1 paleta de cordero
1 cucharada de cúrcuma
1 cucharada de jengibre
4 cebollas
2 chiles
4 dientes de ajo
3 manzanas verdes
curry en polvo
½ taza de coco rallado
6 tomates
caldo de carne
aceite de oliva
sal y pimienta

PROCEDIMIENTO

Cortar la carne de cordero en cubos de 2-3 cm de lado. Mezclar con la cúrcuma, el jengibre, sal, pimienta y un poco de aceite de oliva. Marinar en heladera durante 40 minutos a 1 hora.
En una olla caliente y con aceite de oliva dorar la carne por todos sus lados. Incorporar la cebolla cortada en láminas finas, chile y ajo picados. Rehogar unos minutos y agregar cubos de manzana pelada. Cocinar durante 10 minutos e incorporar el tomate en cubos sin piel y sin semillas junto con el coco rallado y abundante curry. Cubrir la preparación con caldo de carne caliente y cocinar a fuego suave durante 1 hora aproximadamente. Rectificar condimento y servir.

GUISO DE CORDERO

Tiempo de preparación: 20 minutos
Tiempo de cocción: 50 minutos
Menú: Plato principal
Porciones: 4-6

INGREDIENTES

1 paleta de cordero
2 cebollas
2 pimientos rojos
1 zanahoria
1 cucharada de extracto de tomate
2 dientes de ajo
100 g de panceta ahumada
200 g de champignones
caldo de carne
romero fresco
menta fresca
aceite
sal
pimienta negra recién molida

PROCEDIMIENTO

Cortar la carne de cordero en cubos de 2 cm de lado. En una olla caliente y con aceite dorar la carne por todos sus lados. Retirar. En la misma olla rehogar cebolla, pimientos rojos, zanahoria y ajo picados finamente. Agregar la panceta y dorar por unos minutos. Incorporar el extracto de tomates. Añadir la carne de cordero previamente dorada, los champignones cortados al medio y cubrir con caldo de carne. Aromatizar con romero fresco y cocinar a fuego bajo durante 45 minutos. Salpimentar.
Servir en cazuelas individuales y espolvorear con menta fresca picada.

Pierna de cordero breseada

Tiempo de preparación: 60 minutos
Tiempo de cocción: 50 minutos
Menú: Plato principal
Porciones: 4

INGREDIENTES

1 pierna de cordero
aceite de oliva
5 cebollas chicas
3 echalottes
romero fresco
3 cabezas de ajo
150 cm³ de caldo de carne
400 cm³ de vino tinto
3 papas medianas
4 cucharadas de azúcar
sal gruesa
pimienta negra recién molida

PROCEDIMIENTO

Dorar la pierna por todos sus lados en una sartén bien caliente con aceite de oliva.
En una bandeja grande para horno colocar las cebollas, las echalottes, los ajos y el romero fresco. Disponer la pierna por encima.
Agregar el vino tinto, caldo de carne, azúcar y salpimentar muy bien.
Cocinar en el horno fuerte durante 45 minutos aproximadamente. El punto de la carne debe ser rosado.
Cortar las papas limpias y con piel en rodajas. Cocinar en el horno rociando con aceite de oliva y romero fresco. Salpimentar.
Cuando la pierna esté lista saltear todas las verduras que estaban debajo junto con las papas.
Acompañar el cordero con todas estas verduras.

■ Ruedas de cordero con milhojas de manzanas

Tiempo de preparación: 30 minutos
Tiempo de cocción: 30 minutos
Menú: Plato principal
Porciones: 4

Ingredientes

4 ruedas de cordero
aceite
4 manzanas verdes
150 g de queso de cabra
pimentón
sal
pimienta negra recién molida

Procedimiento

En una sartén caliente con aceite dorar las ruedas de cordero. Salpimentar y retirar. Terminar la cocción en un horno fuerte durante 10 minutos.
Descorazonar las manzanas y cortar cada una en 5 rodajas. Intercalar láminas de manzana, queso de cabra, pimentón, sal y pimienta negra recién molida. Rociar con aceite y envolver en papel aluminio por separado los 4 milhojas de manzana. Cocinar en horno fuerte durante 20 minutos.
Servir los bifes acompañados de la guarnición de manzanas.

Estas ruedas se obtienen a partir de la pierna del cordero. Se cortan transversalmente con la ayuda de una sierra, de manera que quede el hueso en el centro, de modo muy similar al ossobuco.

CHANCHO

◼ BIFES DE CHANCHO CON REPOLLOS Y MANZANAS

Tiempo de preparación: 30 minutos
Tiempo de cocción: 30 minutos
Menú: Plato principal
Porciones: 4

INGREDIENTES

4 bifes de chancho de 250 g cada uno
3 tazas de caldo de carne
1 taza de salsa de tomate
1 taza de oporto
2 cucharadas de azúcar negro
aceite
sal
pimienta negra recién molida
Guarnición:
50 g de panceta ahumada
2 plantas de repollo blanco
2 manzanas verdes
100 cm^3 de vinagre de manzanas
2 cucharadas de azúcar
100 g de pasas rubias

PROCEDIMIENTO

En una olla colocar el caldo de carne, el oporto, la salsa de tomate y el azúcar. Reducir hasta obtener 2 tazas de líquido. Reservar.
Dorar los bifes en una sartén caliente con aceite de oliva. Bañar la carne con la reducción de oporto de a cucharadas y continuar con la cocción hasta que el chancho esté completamente cocido.
En una olla grande sin materia grasa rehogar la panceta cortada en bastones. Incorporar el repollo picado finamente en tiras finas y las manzanas ralladas. Integrar muy bien y cocinar durante 10 minutos. Añadir el vinagre de manzanas, azúcar y bajar el fuego. Cocinar durante 25 minutos removiendo con cuchara de madera esporádicamente. Por último agregar las pasas rubias y salpimentar.
Servir el chancho acompañado de la guarnición de repollo y manzanas.

◼ BONDIOLA DE CHANCHO CON JENGIBRE Y MIEL

Tiempo de preparación: 20 minutos
Tiempo de cocción: 35 minutos
Menú: Plato principal
Porciones: 4

INGREDIENTES

1,200 kg de bondiola de chancho
aceite de oliva
4 cebollas coloradas
4 ramas de apio
1 diente de ajo
4 cucharadas de jengibre fresco rallado
4 cucharadas de miel
100 cm³ de cognac
sal
pimienta

PROCEDIMIENTO

En una sartén caliente con aceite de oliva dorar la bondiola por todos sus lados. Salpimentar y reservar.
Cortar las cebollas y el apio en láminas. Disponer sobre una fuente o sartén para horno. Colocar la bondiola por encima y terminar la cocción en un horno medio durante 20 minutos.
En una sartén con aceite de oliva saltear ajo picado finamente. Agregar el jengibre y cocinar un minuto. Incorporar la miel y el cognac y reducir la salsa a 1/3 de su volumen.
Servir los bifes sobre el colchón de vegetales asados y salsear por encima.

■ Bondiola rellena con láminas de batata

Tiempo de preparación: 20 minutos
Tiempo de cocción: 40 minutos
Menú: Plato principal
Porciones: 4

Ingredientes

1 kg de bondiola
150 g de champignones
1 diente de ajo
albahaca fresca
3 cucharadas de queso parmesano rallado
2 cebollas
2 puerros
laurel fresco
Guarnición:
2 batatas
aceite para freír
Emulsión:
100 cm³ de jugo de naranja
aceite de oliva
romero fresco
sal
pimienta negra recién molida

Procedimiento

En una sartén caliente saltear los champignones cortados en cuartos. Agregar ajo picado, albahaca fresca y salpimentar. Retirar y procesar junto con el queso parmesano rallado.
Realizar una incisión en el centro de la carne con un cuchillo bien filoso. Mechar la carne y colocar en una fuente para horno. Agregar cebollas y puerros cortados groseramente y aromatizar con laurel. Rociar con aceite de oliva, salpimentar y cocinar a temperatura media durante 35 minutos.
Cortar las batatas en finas láminas. Freír en abundante aceite caliente hasta dorar. Secar sobre papel absorbente y salar.
Disolver sal en el jugo de una naranja. Agregar abundante romero picado y emulsionar con aceite de oliva.
Servir la bondiola con las batatas y la emulsión de romero.

Brochettes de chancho con adobo de naranja y jengibre

Tiempo de preparación: 20 minutos
Tiempo de cocción: 20 minutos
Menú: Plato principal
Porciones: 4

Ingredientes

500 g de carré de cerdo
2 zucchinis
10 cebollitas pequeñas
200 g de panceta ahumada
Adobo:
500 cm³ de jugo de naranjas
ralladura de 1 naranja
4 cucharadas de puré de tomates
4 cucharadas de ketchup
75 cm³ de vinagre de manzana
4 cucharadas de aceite de oliva
3 cucharadas de salsa de soja
3 dientes de ajo picados
1 cebolla picada
2 cucharadas de jengibre fresco rallado
1 chile rojo picado

Procedimiento

Para el adobo disponer el jugo de naranja en una cacerola. Llevar a ebullición y espumar si es necesario. Cocinar hasta que reduzca a la mitad de su volumen. Agregar el resto de los ingredientes. Cocinar hasta que espese y reservar frío.
Cortar el carré en cubos grandes y armar las brochettes con el resto de las verduras en trozos. Cocinar en una sartén caliente con aceite de oliva y pintar con el adobo durante la cocción varias veces.

Puedo recomendarles varias maneras de cocinar previamente las verduras. Una de ellas y quizá la más apropiada sea saltearlas en aceite durante un minuto, sólo para darles brillo y que se mantengan crocantes. Se puede intensificar su sabor con un diente de ajo picado y unas gotas de salsa inglesa.

■ CARRÉ DE CHANCHO CON LATKES DE PAPA

Tiempo de preparación: 15 minutos
Tiempo de cocción: 40 minutos
Menú: Plato principal
Porciones: 4

INGREDIENTES

1,5 kg de carré de chancho con hueso
1 taza de salsa de soja
½ taza de vino blanco
2 zanahorias
3 dientes de ajo
salvia fresca
Latkes:
5 papas
1 cebolla
2 huevos
60 g de harina
sal
pimienta negra recién molida
aceite para freír
Puré:
4 manzanas verdes
1 limón
tomillo fresco

PROCEDIMIENTO

Limpiar el carré dejando los huesos libres de carne. Colocar en una fuente junto con los ajos machacados y las zanahorias cortadas groseramente. Bañar con la salsa de soja y el vino blanco. Espolvorear con salvia fresca y salpimentar. Cocinar en un horno precalentado a temperatura media durante 40 minutos.
Rallar las papas y la cebolla en crudo. Escurrir el líquido con la ayuda de un colador fino y reservar en un bol. Agregar los huevos, sal, pimienta y harina. Armar croquetas chatas aplastando con las manos. Freír en abundante aceite hasta dorar y escurrir sobre papel absorbente.
Hornear las manzanas. Una vez tiernas reducir a puré. Agregar gotas de jugo de limón y tomillo fresco.
Servir el chancho acompañado de los latkes de papa y el puré de manzanas.

Costillas de chancho con chutney de ciruelas y peras

Tiempo de preparación: 30 minutos
Tiempo de cocción: 1 hora
Menú: Plato principal
Porciones: 4

Ingredientes

8 costillas del carré del chancho
aceite de oliva
2 dientes de ajo
Chutney:
2 cebollas
1 cebolla de verdeo
200 g de ciruelas
3 peras
2 tomates en cubos sin piel y sin semillas
1 cucharadita de comino
2 clavos de olor
1 rama de canela
1 cucharada de jengibre rallado
3 cucharadas de azúcar rubia
150 cm^3 de vinagre blanco
salsa tabasco
sal
pimienta negra recién molida

Procedimiento

En una sartén con aceite calentar los ajos machacados. Una vez bien aromatizado el aceite retirar los ajos e incorporar las costillas. Cocinar durante 7 minutos por lado. Salpimentar.
Para el chutney, en una olla rehogar cebolla y ajo picados finamente. Añadir las peras en cubos sin piel y las ciruelas en cuartos con su cáscara. Cocinar dos minutos y espolvorear con el azúcar. Remover la preparación a fuego bajo hasta caramelizar. Por último agregar el resto de los ingredientes y continuar la cocción durante 40 minutos. Salpimentar y retirar la rama de canela.
Servir las costillas acompañadas del chutney de ciruelas y peras.

■ COSTILLAS DE CHANCHO CON PURÉ DE BATATAS Y PANCETA

Tiempo de preparación: 20 minutos
Tiempo de cocción: 15 minutos
Menú: Plato principal
Porciones: 4

INGREDIENTES

8 costillas del pechito del chancho
Puré:
4 batatas grandes
150 g de panceta ahumada
50 g de manteca
ciboulette
Salsa fría:
5 cucharadas de miel
5 cucharadas de mostaza
aceite de oliva
salsa tabasco
sal
pimienta negra recién molida

PROCEDIMIENTO

Limpiar las costillas dejando los huesos descubiertos. En una sartén caliente con aceite de oliva, dorar por ambos lados. Salpimentar, retirar y terminar la cocción en horno fuerte durante 8 minutos aproximadamente.
Cocinar las batatas con piel en una olla con agua hirviendo con sal. Una vez tiernas, retirar, pelar y reducir a puré.
En una olla saltear la panceta cortada en cubos chicos. Agregar el puré de batatas, manteca, sal, pimienta y ciboulette picada.
Mezclar mostaza, miel, sal, pimienta y tabasco con 2 cucharadas de aceite de oliva.
Servir las costillas con el puré de batatas y panceta. Acompañar con la salsa fría de mostaza y miel.

Chancho asado con naranja

Tiempo de preparación: 20 minutos
Tiempo de cocción: 50 minutos
Menú: Plato principal
Porciones: 8

Ingredientes

1 bondiola de chancho de 2 kg aproximadamente
ralladura y jugo de 2 naranjas
pimienta negra
1 taza de aceto balsámico
1 taza de caldo de carne
hierbas frescas
1 cabeza de ajo
sal gruesa

Procedimiento

Colocar la bondiola en una fuente con bordes. Espolvorear con abundante pimienta negra molida groseramente y ralladura de naranja. Rociar con el aceto balsámico, el jugo de naranja y el caldo de carne. Agregar por los costados los ajos machacados y cubrir con papel film. Refrigerar durante 6 horas.
Retirar del frío y cocinar en horno fuerte durante 50 minutos. Pintar durante la cocción con la marinada, salar con sal gruesa y espolvorear con hierbas picadas.
Servir acompañado de puré de batatas y manzanas verdes.

JAMÓN CON PURÉ DE MAÍZ

Tiempo de preparación: 25 minutos
Tiempo de cocción: 30 minutos
Menú: Plato principal
Porciones: 4

INGREDIENTES

1 pata trasera de chancho
1 puerro
1 cebolla de verdeo
1 zanahoria
1 cebolla
½ taza de vino blanco
romero fresco
laurel
sal
pimienta negra
aceite
Puré:
3 papas
3 choclos
3 cucharadas de crema de leche

PROCEDIMIENTO

En una olla caliente con aceite dorar la pata de chancho. Retirar y reservar.
En la misma olla saltear las verduras en cubos hasta dorar levemente. Agregar vino blanco y evaporar el alcohol. Incorporar la pata, romero y laurel. Cubrir con papel aluminio y llevar al horno durante 30 minutos.
Retirar la pata y colar el fondo de cocción para recuperar la salsa.
Cocinar los choclos y las papas por separado en agua hirviendo con sal. Procesar los granos de choclo y mezclar con las papas reducidas a puré. Salpimentar y agregar crema de leche.
Servir la pata con el puré de maíz y la salsa resultante de la cocción.

■ MATAMBRITO CON ENDIBIAS

Tiempo de preparación: 15 minutos
Tiempo de cocción: 15 minutos
Menú: Plato principal
Porciones: 4

INGREDIENTES

1 kg de matambre de chancho
Guarnición:
    4 endibias
    3 cucharadas de manteca
    100 cm³ de vino blanco
    2 cucharadas de azúcar
    salsa tabasco
    sal
    pimienta
    ciboulette

PROCEDIMIENTO

Limpiar y cortar el matambre en cuatro porciones iguales. Cocinar en una grilla caliente con aceite. Salpimentar.
Cocinar las endibias en agua hirviendo con sal hasta que estén algo tiernas. Retirar y escurrir.
En una sartén con manteca, saltear las endibias cortadas al medio. Incorporar vino blanco y cocinar hasta evaporar el alcohol. Añadir azúcar y salpimentar. Condimentar con unas gotas de salsa tabasco. Servir el matambrito y las endibias glaseadas. Decorar con cibou-lette fresca.

El matambre se puede hacer también en la parrilla. Queda muy bien con unas gotas de jugo de limón y con salsa criolla.

▨ Matambrito de chancho con buñuelos de espinaca

Tiempo de preparación: 20 minutos
Tiempo de cocción: 30 minutos
Menú: Plato principal
Porciones: 4

Ingredientes

800 g de matambrito de chancho
jugo de 1 limón
2 cucharadas de miel
tomillo fresco
aceite
sal
pimienta negra recién molida
Buñuelos:
200 g de espinacas cocidas
1 cebolla rallada
200 g de queso crema
4 cucharadas de harina leudante
3 huevos
4 cucharadas de queso rallado
aceite para freír

Procedimiento

Cortar el matambrito en porciones parejas. Mezclar la miel con el jugo de limón y tomillo fresco picado. En una plancha caliente con aceite dorar el matambrito de lado y lado. Bajar el fuego y cocinar lentamente pintando con el adobo de miel. Salpimentar.
En un bol combinar las espinacas cocidas, escurridas y picadas con la cebolla, el queso crema, el queso rallado, los huevos, sal y pimienta negra recién molida. Integrar muy bien y agregar harina. Homogeneizar.
Armar buñuelos con la ayuda de una cuchara grande y freír en abundante aceite caliente hasta dorar levemente. Escurrir sobre papel absorbente.
Servir el matambrito acompañado de los buñuelos.

Para darle más esponjosidad a los buñuelos se puede incorporar las yemas a la preparación y por último incorporar las claras batidas a nieve con movimientos envolventes.

Salteado de chancho agridulce

Tiempo de preparación: 10 minutos
Tiempo de cocción: 15 minutos
Menú: Plato principal
Porciones: 4

INGREDIENTES

1 kg de carré o bondiola de chancho
2 cebollas de verdeo
2 dientes de ajo
30 g de jengibre
2 puerros
4 cucharadas de azúcar
5 cucharadas de vinagre de vino
salsa de soja
1 cucharada de fécula de maíz
aceite

PROCEDIMIENTO

Cortar el chancho en rodajas y luego en tiras. Colocar en una fuente junto con la cebolla de verdeo picada, el jengibre rallado, los puerros picados y los ajos machacados. Espolvorear con azúcar y rociar con salsa de soja. Tapar y marinar en la heladera durante 3 horas.
Retirar los trozos de chancho de la marinada y en una sartén bien caliente con aceite saltear hasta dorar muy bien. Incorporar las verduras de la marinada con un poco del líquido de la misma. Cocinar durante 10 minutos.
Por último añadir la fécula de maíz diluida en 5 cucharadas de vinagre de vino. Cocinar hasta reducir el fondo de cocción.
Servir con pastas.

SOLOMILLO CON ANANÁ Y CILANTRO

Tiempo de preparación: 15 minutos
Tiempo de cocción: 15 minutos
Menú: Plato principal
Porciones: 4

INGREDIENTES

2 solomillos de chancho
aceite
3 dientes de ajo
3 cebollas de verdeo
½ ananá chico
jugo de 1 limón
cilantro fresco
sal
pimienta negra recién molida

PROCEDIMIENTO

Cortar el solomillo en rodajas de 1 cm de ancho y luego en tiras. En una sartén bien caliente con aceite saltear el chancho. Retirar y reservar. Salpimentar.
En la misma sartén rehogar las cebollas de verdeo cortadas en trozos y el ajo picado finamente durante 3 minutos. Incorporar nuevamente el cerdo a la sartén y saltear a fuego fuerte durante 2 minutos. Agregar el ananá cortado en cubos chicos y el jugo de limón. Por último añadir abundante cilantro fresco picado y salpimentar.
Servir acompañado de arroz cocido al vapor o la guarnición deseada.

◾ SOLOMILLO DE CHANCHO CON VERDURAS

Tiempo de preparación: 20 minutos
Tiempo de cocción: 30 minutos
Menú: Plato principal
Porciones: 4

INGREDIENTES

4 solomillos de chancho
aceite
sal
pimienta negra recién molida
1 papa
1 zucchini
1 berenjena
1 tomate
120 g de queso rallado
50 cm³ de crema de leche

PROCEDIMIENTO

En una sartén caliente con aceite dorar los solomillos por todos sus lados. Salpimentar, retirar y terminar la cocción en horno fuerte durante 15 minutos. Reservar.
Cortar todos los vegetales en rodajas. Cocinar la papa en agua hirviendo con sal durante 8 minutos.
Sobre una placa enmantecada intercalar todos los vegetales haciendo torres. Salpimentar entre capa y capa. Espolvorear con el queso y bañar con la crema de leche. Gratinar en el horno a 220°C hasta dorar.
Servir los solomillos acompañados de los vegetales.

POLLO

ALITAS DE POLLO FRITAS PICANTES

Tiempo de preparación: 20 minutos
Tiempo de cocción: 15 minutos
Menú: Entrada
Porciones: 4

INGREDIENTES

16 alitas de pollo
aceite para freír
Salsa:
6 cucharadas de azúcar
100 cm³ de vinagre blanco
100 cm³ de salsa de tomate
salsa tabasco
hierbas frescas
sal
pimienta negra recién molida

PROCEDIMIENTO

Cortar las alitas a la mitad. Liberar el hueso raspando la carne hacia un extremo para obtener así una mejor presentación.
En una olla con aceite, freír las alitas hasta dorar. Secar sobre papel absorbente y reservar.
Preparar un caramelo rubio con azúcar. Desglasar con vinagre y reducir unos minutos. Agregar salsa de tomate, tabasco, hierbas, sal y pimienta negra recién molida.
Servir las alitas con la salsa agridulce picante.

Arrollados de pollo con maíz y queso

Tiempo de preparación: 20 minutos
Tiempo de cocción: 25 minutos
Menú: Plato principal
Porciones: 4

Ingredientes

4 pechugas de pollo
1 pimiento rojo
1 taza de granos de choclo dulce
2 tazas de hojas de espinacas
4 cucharadas de queso tipo americano
100 g de queso parmesano
sal
pimienta negra recién molida
aceite de oliva
Salsa:
200 cm^3 de caldo de pollo
100 cm^3 de crema de leche
3 cucharadas de mostaza en grano
1 cucharada de fécula de maíz
perejil fresco

Procedimiento

Abrir las pechugas a la mitad y con la ayuda de un martillo de cocina aplanar suavemente. Cortar el pimiento en cubos bien chicos y mezclar con granos de choclo, espinacas cortadas en tiras finas, quesos, sal y pimienta negra recién molida. Arrollar y asegurar con palillos de madera.
En una sartén caliente con aceite de oliva dorar los arrollados por todos sus lados. Salpimentar. Retirar y terminar la cocción en horno fuerte durante 10 minutos.
Para la salsa colocar caldo de pollo en una olla y reducir a la tercera parte de su volumen. Incorporar crema de leche y fécula diluida previamente en agua. Llevar a ebullición durante unos minutos hasta que la salsa tome cuerpo y espese. Por último añadir, fuera del fuego, mostaza, sal, pimienta negra recién molida y perejil picado.
Servir los arrollados con la salsa de mostaza.

Brochette de pollo con verduras al wok

Tiempo de preparación: 20 minutos
Tiempo de cocción: 15 minutos
Menú: Entrada
Porciones: 4

Ingredientes

2 pechugas de pollo
2 puerros
½ pimiento verde
½ pimiento rojo
½ pimiento amarillo
1 cebolla
1 zucchini
albahaca fresca
1 cucharada de azúcar
jugo de 1 limón
3 cucharadas de aceite de oliva
sal
pimienta
4 palitos de brochette

Procedimiento

Cortar las pechugas de pollo en cubos grandes. Salpimentar y armar las brochettes. En una sartén bien caliente, incorporar aceite y dorar el pollo por todos sus lados. Espolvorear con azúcar, agregar jugo de limón y bajar el fuego. Cocinar durante 4 minutos más. Reservar.
Cortar el puerro en aros finos y la cebolla en láminas. Cortar los pimientos y el zucchini en tiras finas.
En un wok bien caliente y con aceite saltear todos los vegetales durante 5 minutos. Salpimentar y espolvorear con albahaca picada.
Para la presentación armar un colchón con las verduras y sobre éste disponer las brochettes.

CRÊPES DE POLLO Y GRUYÈRE

Tiempo de preparación: 25 minutos
Tiempo de cocción: 30 minutos
Menú: Entrada
Porciones: 8

INGREDIENTES

250 g de harina 0000
2 huevos
2 cucharadas de curry
agua, cantidad necesaria
manteca
Relleno:
2 pechugas de pollo
1 cebolla
1 manzana verde rallada
1 rama de apio
200 g de queso gruyère rallado
sal
pimienta negra recién molida
aceite
hierbas frescas
Salsa:
1 taza de espinacas cocidas
1 taza de crema de leche
sal
pimienta negra recién molida

PROCEDIMIENTO

Para las crêpes colocar harina, curry, una pizca de sal y huevos en un bol. Incorporar agua poco a poco y batir muy bien hasta lograr una mezcla homogénea.
Realizar las crêpes en una sartén con manteca.
Para el relleno, en una sartén caliente saltear el apio picado y la cebolla rallada. Incorporar el pollo cortado en trozos chicos y cocinar durante 5 minutos. Agregar la manzana y mezclar con queso gruyère rallado, hierbas frescas, sal y pimienta negra.
Colocar una cantidad de relleno dentro de cada crêpe y cerrar en forma de pañuelo.
Espolvorear con gruyère y gratinar en horno fuerte durante 3 minutos.

Para la salsa procesar las espinacas, calentar en una olla junto con la crema de leche y condimentar con sal y pimienta negra recién molida.
Servir las crêpes junto con la salsa de espinaca.

Algunas sugerencias de Martiniano

Las crêpes son súper fáciles de hacer. Sirven para platos dulces y salados. Se pueden preparar con anticipación y congelar en un envase plástico tapado, con separadores para que no se peguen, o en una bolsa para freezer. De esta forma duran hasta tres meses.
A veces aromatizo la masa con hierbas o especias, o la tiño con puré de remolachas, con tinta de calamar, con espinaca procesada o con colorante vegetal.

■ Cubos de pollo con salteado agridulce

Tiempo de preparación: 20 minutos
Tiempo de cocción: 20 minutos
Menú: Plato principal
Porciones: 4

INGREDIENTES

4 patas-muslos de pollo
aceite de oliva
sal
pimienta negra recién molida
1 zanahoria
1 pimiento rojo
1 cebolla colorada
1 chile
1 diente de ajo
3 cucharadas de salsa de soja
2 cucharadas de miel
3 cucharadas de jugo de tomate
3 cucharadas de semillas de sésamo

PROCEDIMIENTO

Deshuesar el pollo y cortar en cubos. En una sartén caliente con aceite de oliva dorar por todos sus lados. Salpimentar.
Cortar todos los vegetales en láminas finas y picar el ajo. Saltear en una sartén con aceite, agregar salsa de soja, miel y jugo de tomates.
Por último salpimentar y espolvorear con semillas de sésamo.
Para la presentación armar un colchón con las verduras y colocar los cubos de pollo por encima.
Salsear con el jugo de cocción del salteado de verduras.

■ ENSALADA CAESAR CON LÁMINAS DE POLLO

Esta ensalada la hago en mis cursos y tiene muchísima aceptación. Así que a practicarla...

Tiempo de preparación: 20 minutos
Tiempo de cocción: 10 minutos
Menú: Entrada
Porciones: 4

INGREDIENTES

4 rodajas de pan lactal
100 g de hojas de lechuga mantecosa
100 g de hojas de lechuga morada
100 g de hojas de lechuga criolla
100 g de hojas de escarola
2 pechugas de pollo sin piel
sal
pimienta negra
perejil fresco
Aderezo:
50 g de queso parmesano
1 filete de anchoa
3 yemas
aceite de oliva
1 diente de ajo
Opcional: crema de leche

PROCEDIMIENTO

Limpiar y secar las hojas. Reservar hasta el momento de utilizar tapadas con un papel húmedo.
En un recipiente colocar yemas, ajo picado, anchoa y queso parmesano rallado. Emulsionar con aceite de oliva, salpimentar y reservar.
Retirar la corteza del pan y cortar en cubos. Colocar en una placa para horno, rociar con aceite de oliva y cocinar hasta que queden bien dorados y crujientes.
Cortar láminas de pollo. En una plancha con aceite de oliva grillar de ambos lados. Salpimentar.
Disponer las hojas de lechuga junto con los crutones sobre un plato y rociar con la salsa fría. Espolvorear con perejil picado y un poco de queso parmesano. Colocar por encima las láminas de pollo.

■ LASAÑA DE POLLO Y HONGOS

Tiempo de preparación: 40 minutos
Tiempo de cocción: 30 minutos
Menú: Plato principal
Porciones: 6

INGREDIENTES

Masa:
　500 g de harina 0000
　5 huevos
　3 cucharadas de aceite de oliva
Relleno:
　1 pollo entero (sólo la carne sin piel)
　250 g de hongos frescos pequeños (portobello, París, shitake, etc.)
　2 cebollas de verdeo picadas
　250 g de queso crema
　tomillo fresco picado
　aceite de oliva
　sal
　pimienta negra recién molida
　1 lata de tomate triturado
　100 g de queso parmesano rallado
　albahaca
　ajo

PROCEDIMIENTO

Mezclar la harina con los huevos y el aceite. Salar y trabajar hasta lograr un bollo liso. Reservar durante 30 minutos. Estirar a 2 mm. Cortar rectángulos y cocinar en abundante agua hirviendo con sal. Interrumpir la cocción con agua fría.
Saltear la cebolla de verdeo junto con la carne de pollo cortada en cubos, agregar los hongos y cocinar durante 10 minutos. Retirar y mezclar en un bol con el queso crema, tomillo, sal y pimienta negra recién molida. Reservar.
Procesar tomate, ajo, hojas de albahaca, sal y pimienta.
Armar la lasaña intercalando capas de masa y pasta de pollo. Finalmente cubrir con salsa de tomates, espolvorear con queso parmesano rallado y gratinar en el horno durante 20 minutos.

Muslos con remolachas maceradas

Tiempo de preparación: 15 minutos
Tiempo de cocción: 40 minutos
Menú: Plato principal
Porciones: 4

INGREDIENTES

8 muslos de pollo
aceite de oliva
sal
pimienta
Guarnición:
10 remolachas
jugo y ralladura de 1 naranja
1 taza de agua
½ taza de azúcar
2 tazas de vinagre
granos de pimienta negra
eneldo fresco
Salsa:
2 echalottes
1 puerro
½ taza de vino blanco
150 cm³ de crema de leche
2 cucharadas de mostaza de Dijón

PROCEDIMIENTO

En una plancha o sartén con aceite de oliva dorar los muslos. Salpimentar. Retirar y terminar la cocción en el horno.
Cocinar las remolachas con cáscara en agua hirviendo. Una vez tiernas retirar y pelar. Cortar en cuartos y reservar.
En una olla colocar el jugo y la ralladura de naranja, agua, vinagre,
azúcar y granos de pimienta. Llevar este líquido a ebullición. Retirar,
agregar eneldo fresco y reservar en un recipiente. Colocar las remolachas dentro del líquido y reservar en la heladera.
En la misma sartén donde sellamos el pollo saltear las echalottes y
el puerro picados finamente. Agregar vino blanco y cocinar hasta
evaporar el alcohol. Agregar crema de leche y reducir hasta obtener
una salsa algo espesa. Salpimentar y fuera del fuego agregar la
mostaza de Dijón.

■ MUSLOS DE POLLO CON CALABAZAS AGRIDULCES

Tiempo de preparación: 20 minutos
Tiempo de cocción: 30 minutos
Menú: Plato principal
Porciones: 4

INGREDIENTES

8 muslos de pollo
1 calabaza grande
4 cucharadas de azúcar
50 g de manteca
200 g hojas de rúcula
200 g hojas de lechuga mantecosa
2 cucharadas de aceto balsámico
sal
pimienta negra recién molida
6 cucharadas de aceite de oliva

PROCEDIMIENTO

Deshuesar los muslos. En una sartén con aceite de oliva dorar de ambos lados. Salpimentar. Retirar y terminar la cocción en el horno durante 10 minutos.
Pelar la calabaza. Cortar en cubos regulares y colocar en una fuente para horno. Salpimentar, espolvorear con azúcar y agregar trozos de manteca. Cocinar en el horno hasta que esté bien tierna y dorada.
Limpiar y secar rúcula y lechuga. Reservar. Preparar una vinagreta con sal, aceto, pimienta negra recién molida y aceite de oliva.
Servir los muslos con la guarnición de calabazas y la ensalada aderezada con la vinagreta.

■ Muslos de pollo en salmoriglio

Tiempo de preparación: 20 minutos
Tiempo de cocción: 15 minutos
Menú: Plato principal
Porciones: 4

INGREDIENTES

8 muslos de pollo
aceite
jugo de 2 limones
2 dientes de ajo picados
perejil fresco
orégano fresco
1 taza de aceite de oliva
1 taza de agua tibia
sal
pimienta negra recién molida

PROCEDIMIENTO

Deshuesar los muslos. Dorar en horno caliente con un poco de aceite. Salpimentar.
En un bol mezclar jugo de limón, hierbas frescas picadas, ajo, sal, pimienta negra recién molida, agua y emulsionar con aceite de oliva.
Cubrir los muslos con la preparación anterior.
Reservar un poco de la mezcla para el final.
Cocinar en horno a temperatura media durante 10 minutos aproximadamente. Retirar y rociar nuevamente con la mezcla, pero esta vez en frío.
Servir los muslitos en salmoriglio.

Esta receta me gusta acompañarla con cubos de papas fritas. Cuando los retiro del aceite, les agrego pimentón, sal y gotas de jugo de naranja. ¡¡¡Exquisitos!!!

■ PAMPLONA DE AVE "EL POBRE LUIS"

La autoría de esta receta pertenece a Luis Acuña, uruguayo, gran amigo y excelente cocinero-parrillero. Gracias Luis, por tus recetas espectaculares.

Tiempo de preparación: 20 minutos
Tiempo de cocción: 30 minutos
Menú: Plato principal
Porciones: 4

INGREDIENTES

4 pechugas de pollo
2 crepinettes
1 pimiento rojo
1 cebolla
100 g de panceta ahumada
100 g de queso mozzarella
50 g de aceitunas negras descarozadas
aceite
perejil fresco
sal
pimienta negra recién molida

PROCEDIMIENTO

Cortar la cebolla y el pimiento en láminas finas. En una sartén caliente con aceite saltear ambos vegetales hasta tiernizar. Salpimentar y reservar. Cortar la panceta ahumada y la mozzarella en cubos chicos.
Lavar las crepinettes en agua fría. Secar y dividir en dos cuadrados. Disponer sobre la mesada de trabajo.
Abrir las pechugas al medio. Aplanar ligeramente y colocar dentro aceitunas negras fileteadas, pimiento y cebolla, queso, panceta, sal, pimienta negra recién molida y perejil picado.
Cerrar y envolver con la crepine. Repetir la operación con la otra pechuga.
En una sartén caliente y con aceite sellar las pamplonas de ambos lados hasta dorar ligeramente.
Retirar y terminar la cocción en horno a temperatura media durante 20 minutos aproximadamente.
Las pamplonas se pueden cocinar en la parrilla, a la manera tradicional.

Paté de hígados de pollo

Homenaje a Lola.
La gran "Lola" hace este paté y otros tantos manjares. "No le pongas tanta pimienta a la comida", me dijo y en ese momento me iluminé. ¡Cuánta alegría y ganas de vivir!

Tiempo de preparación: 15 minutos
Tiempo de cocción: 15 minutos
Menú: Entrada
Porciones: 8

Ingredientes

500 g de hígados de pollo
2 cebollas
3 ramas de apio
2 dientes de ajo
150 cm^3 de cognac
ciboulette fresca
salvia fresca
100 g de manteca
aceite de oliva
sal
pimienta

Procedimiento

En una sartén con aceite de oliva saltear cebolla, ajo y apio picados finamente hasta tiernizar. Retirar y reservar. En la misma sartén cocinar los hígados durante 5 minutos. Incorporar cognac y cocinar hasta evaporar el alcohol. Salpimentar y agregar salvia fresca y ciboulette picadas. Colocar toda la preparación en una procesadora y trabajar agregando trozos de manteca.
Una vez obtenido el paté bien liso, colocar en un recipiente tapado en la heladera por espacio de tres horas.
Servir con tostadas y hojas verdes.

93

Pechuga rellena y spaghetti de limón

Tiempo de preparación: 20 minutos
Tiempo de cocción: 25 minutos
Menú: Plato principal
Porciones: 4

INGREDIENTES

4 pechugas de pollo
200 g de flores de brócoli
100 g de queso parmesano rallado
2 claras de huevo
tomillo fresco
sal
pimienta negra recién molida
Guarnición:
400 g de spaghetti
sal gruesa
200 cm³ de crema de leche
jugo de 3 limones
albahaca fresca
aceite de oliva
Opcional: fécula de maíz

PROCEDIMIENTO

Realizar un corte en el centro y a lo largo de las pechugas.
Cocinar el brócoli en abundante agua con sal. Procesar junto con las claras, el queso parmesano, sal, pimienta negra recién molida y tomillo fresco hasta obtener una pasta lisa. Cargar una manga y rellenar las pechugas. Cerrarlas muy bien con ayuda de palillos de madera.
En una sartén caliente con aceite de oliva dorar las pechugas por todos sus lados. Salpimentar. Retirar y terminar la cocción en horno a temperatura media durante 8 minutos.
Cocinar los spaghetti en abundante cantidad de agua hirviendo con sal gruesa. Retirar y cortar la cocción en agua bien fría. Reservar.
Reducir la crema en una sartén. Incorporar la pasta y saltear. Salpimentar. Por último añadir jugo de limón y albahaca picada. Si fuese necesario, espesar con fécula de maíz.
Servir las pechugas junto a los spaghetti de limón.

■ PECHUGAS DE POLLO CON TAPENADE Y PAPAS DORADAS

Tiempo de preparación: 30 minutos
Tiempo de cocción: 20 minutos
Menú: Plato principal
Porciones: 4

INGREDIENTES

4 pechugas de pollo
Tapenade:
    200 g de aceitunas negras descarozadas
    3 dientes de ajo
    3 filetes de anchoa
    albahaca fresca
    aceite de oliva
    sal
    pimienta negra
Guarnición:
    2 papas chicas
    romero fresco
    1 berenjena
    1 tomate
    100 g de hojas de rúcula
    jugo de 1 limón

PROCEDIMIENTO

Cortar láminas finas de papa con cáscara. Espolvorearlas con romero fresco, sal gruesa y rociar con aceite de oliva. Cocinarlas en horno fuerte hasta que estén tiernas y doradas.
En un recipiente colocar aceitunas negras, hojas de albahaca, anchoas, ajo y procesar con aceite de oliva. Salpimentar. Debe quedar una pasta firme.
Disponer las pechugas en una platina para horno. Cubrir con la pasta de aceitunas y cocinar a temperatura alta durante 12 minutos.
Cortar la berenjena en láminas y el tomate en cuartos sin semillas. Grillar en una plancha con aceite de oliva. Mezclar con las hojas de rúcula y salpimentar. Rociar con aceite de oliva, jugo de limón y reservar.
Servir la pechuga sobre las papas doradas y acompañar con la ensalada de rúcula y verduras grilladas.
La tapenade se puede usar para untar tostaditas o galletitas. Práctica para coktails o simplemente como "entradita".

95

◼ POLLO A LA CERVEZA

Tiempo de preparación: 20 minutos
Tiempo de cocción: 30 minutos
Menú: Plato principal
Porciones: 4

INGREDIENTES

1 pollo entero
2 zanahorias
2 cebollas
2 puerros
2 zucchinis
1 litro de cerveza
6 cucharadas de mostaza en grano
Guarnición:
2 tazas de arroz
1 taza de espinaca
perejil fresco
100 cm^3 de crema de leche
sal
pimienta
aceite de oliva

PROCEDIMIENTO

Trozar el pollo en presas y dorar en una sartén con aceite de oliva. Reservar. Cortar las verduras en láminas finas y saltear en una olla con aceite. Agregar el pollo dorado, cubrir con la cerveza y cocinar hasta que el pollo esté completamente listo. Retirar el pollo y las verduras y reducir el jugo de cocción hasta la mitad de su volumen. Agregar la mostaza en grano y salpimentar. Incorporar el pollo y las verduras.
Cocinar el arroz en agua salada. Picar finamente las hojas de perejil y de espinacas e incorporar al arroz junto con la crema. Calentar a fuego bajo y salpimentar.
Servir el pollo con la salsa de cerveza y mostaza y acompañar con el arroz verde.

POLLO A LA SALVIA CON PURÉ DE REMOLACHAS Y PAPAS

Tiempo de preparación: 30 minutos
Tiempo de cocción: 30 minutos
Menú: Plato principal
Porciones: 6

INGREDIENTES

6 patas-muslos
aceite
6 dientes de ajo
100 cm^3 de vino blanco
caldo de ave
salvia fresca
sal fina
pimienta negra
4 cucharadas de manteca
Guarnición:
3 papas grandes
4 remolachas hervidas
3 cucharadas de manteca

PROCEDIMIENTO

En una sartén caliente con aceite dorar el pollo. Añadir vino blanco y reducir hasta evaporar el alcohol. Agregar los ajos machacados, salvia fresca y cubrir con caldo de ave caliente. Cocinar a fuego medio durante 15 minutos. Incorporar la manteca fría y mezclar para espesar levemente el líquido de cocción. Salpimentar.
Cocinar las papas y realizar un puré. Procesar las remolachas con un poco del líquido de cocción. Mezclar los dos purés e incorporar manteca, sal y pimienta.
Servir el pollo con el puré de papas y remolachas.
Salsear si se desea con el fondo de cocción.

▪ POLLO AGRIDULCE CON ARROZ FRUTADO

Tiempo de preparación: 20 minutos
Tiempo de cocción: 25 minutos
Menú: Plato principal
Porciones: 6

INGREDIENTES

1 pollo entero
3 cucharadas de miel
1 cucharada de salsa de soja
2 cucharadas de pimentón
1 cucharada de curry
2 cebollas
2 zucchinis
150 cm^3 de jugo de naranja
hierbas frescas
3 cucharadas de manteca
Guarnición:
2 tazas de arroz
100 g de nueces
100 g de almendras
100 g de manteca
aceite de oliva
sal
pimienta negra

PROCEDIMIENTO

Deshuesar el pollo, cortarlo en cubos medianos y dorar en una sartén caliente con aceite. Incorporar las cebollas y los zucchinis cortados en cubos chicos y saltear 5 minutos. Agregar el jugo de naranja, soja, miel, pimentón, curry y cocinar durante 5 minutos. Salpimentar, agregar hierbas picadas y 3 cucharadas de manteca.
Cocinar el arroz en agua salada. Colar y mezclar con los frutos secos picados, manteca, sal, pimienta y hierbas picadas.
Servir el pollo con el arroz frutado.

POLLO AL VAPOR CON AROMAS DE CORIANDRO

Tiempo de preparación: 10 minutos
Tiempo de cocción: 20 minutos
Menú: Plato principal
Porciones: 4

INGREDIENTES

4 pechugas de pollo
2 limones en rodajas
2 cucharadas de semillas de coriandro
sal
pimienta negra recién molida
500 g de hojas de espinacas
50 g de manteca
Salsa:
1 taza de salsa de soja
2 cucharadas de azúcar negro
½ taza de semillas de sésamo
½ taza de vino blanco

PROCEDIMIENTO

Cubrir el fondo de una vaporiera de bambú con las rodajas de limón. Salpimentar las pechugas y espolvorear con las semillas de coriandro molidas groseramente. Disponer sobre las rodajas de limón y cocinar durante 12 minutos tapado.
En una sartén con manteca saltear ligeramente las espinacas. Salpimentar y reservar.
En una olla colocar la salsa de soja, el vino blanco, azúcar y las semillas de sésamo previamente tostadas. Reducir la preparación a un tercio de su volumen.
Para la presentación disponer una porción de espinacas en el centro del plato. Colocar la pechuga encima y salsear.

Se puede remplazar la vaporiera de bambú por un colador. Se coloca éste sobre una olla con un poco de agua hirviendo sin dejar que los ingredientes tengan contacto con el agua y se tapa para generar el vapor.

POLLO CON SALSA DE BRANDY

Tiempo de preparación: 20 minutos
Tiempo de cocción: 25 minutos
Menú: Plato principal
Porciones: 4

INGREDIENTES

1 pollo de campo
sal fina
pimienta negra
harina
4 cucharadas de aceite
4 cucharadas de manteca
1 cebolla
2 manzanas verdes
250 cm³ de vino blanco
100 cm³ de brandy
100 cm³ de leche
hierbas frescas

PROCEDIMIENTO

Trozar el pollo en presas. Salpimentar. Pasar por harina y retirar el excedente.
En una olla grande con aceite y manteca dorar las presas de pollo por todos sus lados. Incorporar la cebolla y las manzanas cortadas en cubos chicos y cocinar durante 8 minutos. Agregar el vino blanco junto con el brandy y reducir hasta evaporar el alcohol. Incorporar la leche y cocinar a fuego bajo durante 10 minutos. Por último incorporar hierbas frescas picadas. Salpimentar y servir.

Como guarnición se podrían utilizar papas rösti. Simplemente hay que rallar papa cruda y mezclar con cebolla rallada. Salpimentar y cocinar en sartén como si fueran tortillitas.

POLLO CON SÉSAMO

Tiempo de preparación: 20 minutos
Tiempo de cocción: 20 minutos
Menú: Plato principal
Porciones: 4

INGREDIENTES

1 pollo
150 cm³ de salsa inglesa
4 cucharadas de miel
1 cucharada de jengibre en polvo
jugo de 1 naranja
semillas de sésamo
pimienta negra recién molida
Guarnición:
150 g de chauchas
1 pimiento rojo
200 g de garbanzos cocidos
aceite
sal

PROCEDIMIENTO

Trozar el pollo en octavos y reservar en una fuente.
En un recipiente combinar miel, jengibre, salsa inglesa, jugo de naranja, un puñado de semillas de sésamo y pimienta negra recién molida. Cubrir el pollo con esta preparación. Tapar y refrigerar durante 3 horas.
Retirar el pollo de la marinada. En una sartén caliente con un poco de aceite dorar las presas. Retirar y terminar la cocción en horno medio durante 15 minutos. Reducir la salsa a fuego moderado hasta un tercio de su volumen. Dejar enfriar y reservar en la heladera.
Cocinar las chauchas en una olla con agua hirviendo con sal. Cortar el pimiento en juliana fina. Saltear en una sartén caliente con aceite. Agregar los garbanzos cocidos, las chauchas y salpimentar.
Servir el pollo sobre un colchón del salteado de verduras y acompañar con la salsa fría de sésamo y salsa inglesa.

■ Pollo crocante con jengibre

Tiempo de preparación: 20 minutos
Tiempo de cocción: 25 minutos
Menú: Entrada
Porciones: 4

Ingredientes

2 pechugas de pollo
harina para rebozar
aceite mezcla para freír
sal y pimienta
Salsa:
2 tazas de salsa de soja
jengibre fresco picado
1 diente de ajo picado
1 blanco de puerro
Guarnición:
300 g de trigo burgol
1 cubito de caldo de verduras
agua, cantidad necesaria
1 cebolla roja
1 pimiento amarillo
1 zanahoria
2 cucharadas de vinagre de vino blanco
sal
pimienta negra recién molida
aceite

Procedimiento

Cortar las pechugas de pollo en tiras gruesas. Salpimentar y pasar por harina. Freír en aceite hasta dorar. Reservar.
En una olla chica con 2 cucharadas de aceite rehogar el ajo, el puerro y el jengibre picados finamente durante 3 minutos. Agregar la salsa de soja y cocinar durante 10 minutos o hasta que la salsa reduzca a la mitad de su volumen.
Cocinar el trigo en caldo de verduras. Escurrir y reservar.
Picar las verduras en cubos chicos y saltear. Incorporar el trigo y mezclar muy bien. Condimentar con aceite, vinagre, sal y pimienta.
Servir las tiritas de pollo fritas sobre el trigo con verduras. Rociar con la salsa de jengibre y soja.

■ POLLO FRITO CON MAYONESA ESPECIADA

Tiempo de preparación: 20 minutos
Tiempo de cocción: 5 minutos
Menú: Entrada
Porciones: 4

INGREDIENTES

3 pechugas de pollo
aceite de maíz
200 cm³ de agua con gas
2 huevos
125 g de harina
sal
pimienta negra recién molida
Mayonesa especiada:
1 taza de mayonesa
jugo de 1 limón
orégano fresco
tomillo fresco
limones frescos para decorar

PROCEDIMIENTO

En un bol mezclar harina, agua, huevos, sal y pimienta. Trabajar la mezcla hasta obtener una pasta grumosa.
Cortar las pechugas en tiras. Introducir dentro de la pasta. Retirar y freír en abundante aceite durante 5 minutos hasta dorar muy bien. Escurrir sobre papel absorbente.
Mezclar la mayonesa con las hierbas picadas, jugo de limón, sal y pimienta negra recién molida.
Servir el pollo frito con la mayonesa especiada. Decorar con gajos de limón fresco.

POLLO SALTEADO CON JENGIBRE Y ALBAHACA

Tiempo de preparación: 15 minutos
Tiempo de cocción: 10 minutos
Menú: Entrada
Porciones: 4

INGREDIENTES

3 pechugas de pollo
3 cucharadas de jengibre fresco rallado
hojas de albahaca
2 cucharadas de miel
1 cebolla colorada
aceite
salsa de soja
1 taza de arroz blanco

PROCEDIMIENTO

Cortar el pollo en tiras finas. En una sartén bien caliente con aceite saltearlo hasta dorar. Agregar la miel y caramelizar. Incorporar la cebolla finamente picada y por último el jengibre, una cucharada de salsa de soja y albahaca fresca picada.
Integrar todo muy bien salteando rápidamente. Acompañar con arroz blanco.

POLLO TROZADO AL CURRY

Tiempo de preparación: 20 minutos
Tiempo de cocción: 30 minutos
Menú: Plato principal
Porciones: 4

INGREDIENTES

1 pollo
2 cebollas
200 cm³ de caldo de ave
6 cucharadas de curry
3 cucharadas de coco rallado
200 cm³ de crema de leche
2 yemas
aceite, cantidad necesaria
harina, cantidad necesaria
Guarnición:
4 manzanas verdes
2 cucharadas de azúcar
30 g de manteca
salvia fresca
sal
pimienta negra recién molida

PROCEDIMIENTO

Trozar el pollo en octavos. Salpimentar. En una sartén caliente con aceite dorar las piezas de pollo previamente enharinadas. Agregar las cebollas cortadas en láminas finas y cocinar hasta transparentar. Añadir el caldo de ave y cocinar durante 15 minutos. Incorporar el curry.
Mezclar las yemas con la crema, coco rallado y unir a la preparación. Bajar el fuego y cocinar durante 10 minutos más. Salpimentar.
Cortar las manzanas en cubos. En una sartén caliente con manteca saltear por 5 minutos. Espolvorear con azúcar, salvia fresca picada y cocinar 4 minutos más a fuego moderado. Salpimentar.
Servir las presas de pollo acompañadas de la guarnición de manzanas.

105

Ragú de pollo y hongos

Tiempo de preparación: 20 minutos
Tiempo de cocción: 35 minutos
Menú: Plato principal
Porciones: 4

INGREDIENTES

1 pollo entero
2 cebollas picadas
3 cebollas de verdeo
2 dientes de ajo picado
150 g de panceta ahumada
200 g de champignones de París
50 g de hongos secos
200 cm³ de oporto
100 cm³ de caldo de carne
1 cucharada de miel
gotas de salsa tabasco
romero fresco
tomillo fresco
aceite
sal
pimienta negra

PROCEDIMIENTO

Deshuesar el pollo y cortar en cubos chicos, luego dorar con un poco de aceite en una olla. Incorporar las cebollas, los ajos, la panceta cortada en bastones y rehogar hasta que los vegetales tomen una coloración ligera. Agregar oporto y reducir hasta evaporar el alcohol. Añadir el caldo de carne caliente, miel, salsa tabasco, romero, tomillo y cocinar a fuego suave durante 20 minutos. Agregar los champignones y hongos secos hidratados en caldo o agua tibia, cocinar durante 5 minutos más. Salpimentar.
Se puede acompañar con papas españolas fritas.

Risotto de pollo

Tiempo de preparación: 20 minutos
Tiempo de cocción: 25 minutos
Menú: Entrada
Porciones: 4

Ingredientes

400 g de carne de pollo sin piel
400 g de arroz carnaroli o arbóreo
100 cm^3 de vino blanco
caldo de verduras
1 cebolla
1 pimiento rojo
1 pimiento verde
2 dientes de ajo
50 g de manteca
200 g de queso parmesano rallado
ciboulette fresca
sal y pimienta
aceite de oliva
jugo de ½ limón

Procedimiento

Cortar el pollo en cubos y dorar en una sartén con aceite de oliva. Retirar y reservar.
Saltear cebolla, pimientos y ajo picados finamente. Agregar el arroz y revolver constantemente con una cuchara de madera hasta transparentar. Incorporar vino blanco y cocinar hasta evaporar el alcohol. Agregar caldo de verduras caliente a medida que la preparación lo necesite. Cuando el arroz esté casi al dente agregar el pollo y calentar. Apagar el fuego y terminar con manteca en cubos, queso parmesano rallado y jugo de ½ limón. Salpimentar y espolvorear con ciboulette picada.
Reservar tapado durante 2 minutos y servir.

VeGeTaLes

Berenjenas en escabeche del gran "Salva"

Para comer hoy, mañana y dentro de un año.
Les cuento que cada vez que como un asadito en lo de mi vieja,
Norita me pasa un frasco de este manjar por arriba de la pared del
fondo. Mis palabras son: esto es sólo para mí, ¿de acuerdo?

Tiempo de preparación: 30 minutos
Tiempo de cocción: 30 minutos
Menú: Guarnición

Ingredientes

2 kg de berenjenas
½ taza de sal gruesa
1 cabeza de ajo
ají molido
laurel
orégano
1 litro de vinagre blanco
250 cm³ de agua
aceite, cantidad necesaria

Procedimiento

Cortar las berenjenas a lo largo y eliminar las semillas. Colocar sobre una mesa y espolvorear con sal gruesa. Dejar todo un día al sol.
Remover de vez en cuando para que eliminen su líquido.
Llevar a ebullición el vinagre y el agua. Agregar las berenjenas durante cinco minutos y retirar. Reservar durante 4 ó 5 horas.
Disponer en una fuente, mezclar con ají molido y orégano. Guardar
en un frasco esterilizado junto con hoja de laurel y dientes de ajo en
láminas. Cubrir con un buen aceite.

Berenjenas rellenas con pollo y queso crema

Tiempo de preparación: 25 minutos
Tiempo de cocción: 30 minutos
Menú: Entrada
Porciones: 8

Ingredientes

4 berenjenas asadas
2 cebollas picadas
2 dientes de ajo
400 g de carne de pollo en cubos chicos
200 g de queso crema
1 tomate en cubos
50 g de aceitunas negras sin carozo
albahaca fresca picada
sal
pimienta negra recién molida
50 g de queso parmesano rallado
aceite

Procedimiento

Cortar las berenjenas a la mitad y cocinarlas en horno medio durante 15 minutos. Retirar la pulpa y reservar.

En una sartén caliente con aceite saltear cebollas y ajo picados finamente hasta transparentar. Incorporar el pollo en cubos chicos y cocinar durante 5 minutos. Retirar y mezclar con la pulpa de berenjena, queso crema, tomate, aceitunas picadas, albahaca, sal y pimienta negra recién molida.

Colocar el relleno dentro de las berenjenas ahuecadas. Espolvorear con queso parmesano rallado y gratinar en horno fuerte hasta dorar. Servir acompañado de una ensalada fresca de hojas verdes.

BUDÍN DE COLIFLOR Y PAPAS

Tiempo de preparación: 10 minutos
Tiempo de cocción: 30 minutos
Menú: Entrada o guarnición
Porciones: 6-8

INGREDIENTES

1 kg de coliflor
500 g de puré de papas
3 huevos
100 g de queso parmesano rallado
sal
pimienta negra recién molida
nuez moscada
manteca, cantidad necesaria

PROCEDIMIENTO

Cocinar la coliflor en agua hirviendo con sal hasta que esté tierna. Escurrir y reducir a puré. Unir con el puré de papas. Incorporar los huevos, queso parmesano, sal, pimienta negra recién molida y nuez moscada. Colocar la mezcla en un molde previamente enmantecado.
Cocinar en el horno a baño de María durante 30 minutos aproximadamente.
Reservar unos minutos antes de desmoldar, acompañando con mayonesa condimentada con jugo de limón y albahaca picada.

■ CAPONATA

Tiempo de preparación: 15 minutos
Tiempo de cocción: 20 minutos
Menú: Guarnición o entrada
Porciones: 4

INGREDIENTES

2 ramas de apio
1 cebolla
1 zanahoria
1 berenjena
1 pimiento rojo
1 pimiento amarillo
1 pimiento verde
50 g de pasas de uva
2 cucharadas de azúcar
100 cm^3 de aceto balsámico
Aceite de oliva
2 tomates
Sal
Pimienta negra recién molida
Albahaca fresca
Opcional: piñones

PROCEDIMIENTO

En una sartén con aceite de oliva saltear hasta transparentar apio, zanahoria y cebolla cortados finamente. Agregar los pimientos cortados en cubos medianos y cocinar durante 5 minutos.
Incorporar la berenjena cortada en cubos y cocinar 5 minutos más. Espolvorear con azúcar. Agregar el aceto balsámico, tomates cortados en cubos sin piel y sin semillas. Salpimentar. Integrar muy bien y a último momento incorporar las pasas de uva y abundante albahaca fresca. Espolvorear con piñones tostados si se desea. Servir frío o tibio.

Ideal para acompañar bifes de chorizo, entrañas, pechuguitas de pollo, hamburguesas, etc. Se pueden utilizar otras verduras que a uno le gusten. Por ejemplo, puerro, zucchini, chauchas, etc. En realidad uno le pone las verduras que quiera (sin que nos escuche un italiano). Esta receta es muy parecida a la ratatouille francesa.

Colchón de arvejas de papá

Este plato lo hacía mi viejo cuando llegábamos de viaje, generalmente de Mar del Plata cuando visitábamos a mi abuela, a mis tíos y a mis primos.
Como en esos momentos no había casi ningún ingrediente, resultaba esta exquisita receta.

Tiempo de preparación: 5 minutos
Tiempo de cocción: 10 minutos
Menú: Entrada o plato principal
Porciones: 6

Ingredientes

4 latas de arvejas
4 cebollas
6 huevos (éramos 6)
aceite
sal
pimienta negra

Procedimiento

Rehogar las cebollas cortadas finamente hasta que adquieran color dorado. Agregar las arvejas (sin el agua), salpimentar, bajar el fuego y colocar los huevos distribuidos en toda la superficie. Tapar la sartén y cocinar durante 6 minutos. Apagar el fuego, dejar reposar un minuto mientras todos nos lavamos las manos y a comer este manjar.

■ CONSERVA DE HINOJOS

Tiempo de preparación: 10 minutos
Tiempo de cocción: 10 minutos
Menú: Guarnición

INGREDIENTES

3 cebollas
5 bulbos de hinojo
200 cm³ de vinagre de vino
200 cm³ de aceite
200 cm³ de agua
2 dientes de ajo
3 cucharadas de ají molido
sal
pimienta negra recién molida

PROCEDIMIENTO

Cortar en cuartos cebollas e hinojos. Colocar en una olla junto con aceite, vinagre, agua, ajo picado, sal y pimienta negra recién molida. Llevar a ebullición durante 10 minutos. Apagar el fuego y dejar enfriar dentro del líquido de cocción.
En frascos esterilizados guardar los vegetales condimentados con ají molido. Cubrir con un buen aceite de oliva.

CROQUETAS DE PAPA CON SALSA DE TOMATES PICANTE

Tiempo de preparación: 20 minutos
Tiempo de cocción: 10 minutos
Menú: Entrada
Porciones: 8

INGREDIENTES

1 kg de papas
3 yemas
50 g de queso parmesano
albahaca fresca
1 cápsula de azafrán
2 huevos
200 g de pan rallado
Salsa:
3 tomates
1 cebolla
1 chile
jugo de 1 limón
cilantro
sal
pimienta negra
aceite de oliva

PROCEDIMIENTO

Cocinar las papas con cáscara en una olla con agua hirviendo con sal. Una vez tiernas retirar, pelar y reducir a puré. Entibiar y mezclar con yemas, albahaca picada, azafrán, queso, sal y pimienta. Formar croquetas redondas de 4 cm de diámetro aproximadamente. Pasar por pan rallado, huevo y pan rallado nuevamente. Enfriar durante 20 minutos. Cocinar en horno bien caliente, rociando con un poco de aceite hasta que doren.
Cortar el tomate en cubos chicos sin semillas. Reunir con la cebolla, el chile picado, jugo de limón, sal, pimienta, aceite de oliva y abundante cilantro fresco.
Servir las croquetas con la salsa fría de tomates.
Estas mismas croquetas pueden ser de batata o calabaza. También se pueden rellenar. Yo las hago sobre todo cuando me sobra algún puré.

■ ENSALADA DE ESPINACAS Y ALMENDRAS TOSTADAS

Tiempo de preparación: 10 minutos
Tiempo de cocción: 10 minutos
Menú: Entrada
Porciones: 4

INGREDIENTES

250 g de hojas de espinacas frescas
50 g de almendras
2 rodajas de pan lactal
100 g de queso fresco en cubos
30 g de semillas de sésamo
aceite para freír
Aderezo:
½ cebolla colorada rallada
2 cucharadas de vinagre de vino
6 cucharadas de aceite
sal
pimienta negra recién molida

PROCEDIMIENTO

En una olla con agua hirviendo sumergir las almendras durante 1 minuto. Retirar y frotar con un paño de cocina hasta pelar. Colocar en una fuente y tostar en horno medio, teniendo cuidado de que no se quemen. Reservar.
En una sartén a fuego bajo tostar las semillas de sésamo de 2 a 3 minutos. Reservar.
Cortar el pan lactal en cubos chicos sin la corteza. Freír en abundante aceite caliente hasta dorar. Secar sobre papel absorbente y reservar.
En un bol combinar las espinacas, las almendras, las semillas de sésamo, el queso fresco en cubos y los crutones (pan frito).
Para el aderezo disolver la sal en el vinagre. Agregar cebolla rallada, pimienta negra recién molida y emulsionar con aceite.
Condimentar la ensalada en el momento de servir.

◼ Ensalada de hojas verdes con aderezo de yogur

Tiempo de preparación: 15 minutos
Tiempo de cocción: 10 minutos
Menú: Entrada
Porciones: 8

Ingredientes

200 g de radicheta
200 g de lechuga criolla
200 g de lechuga morada
200 g de lechuga mantecosa
200 g de lechuga crespa
100 g de queso parmesano rallado
2 panes tipo francés
Aderezo:
100 g de yogur natural
3 cucharadas de miel
6 cucharadas de aceite de oliva
3 cucharadas de aceto balsámico
2 cucharadas de mayonesa
sal
pimienta negra recién molida

Procedimiento

Limpiar y secar con cuidado las hojas. Cortar groseramente con las manos y reservar en un bol. Agregar el queso parmesano e integrar muy bien.
Retirar la corteza del pan y cortar en cubos grandes. Colocar en una placa para horno y rociar con aceite de oliva. Salpimentar. Cocinar en horno medio hasta dorar. Mezclar con las hojas.
En un recipiente combinar yogur, miel, aceite de oliva, aceto, mayonesa, sal y pimienta negra recién molida.
A último momento aderezar la ensalada y servir.

ENSALADA DE TOMATES ASADOS Y JAMÓN CRUDO

Tiempo de preparación: 20 minutos
Tiempo de cocción: 25 minutos
Menú: Entrada o guarnición
Porciones: 4

INGREDIENTES

300 g de hojas de espinacas
6 tomates perita
200 g de espárragos
150 g de jamón crudo en láminas
50 g de queso parmesano
Vinagreta:
1 cucharada de azúcar
jugo de 1 limón
albahaca fresca
8 cucharadas de aceite de oliva
sal, 1 cucharadita
pimienta negra recién molida

PROCEDIMIENTO

Cortar los tomates en cuartos y colocarlos en una placa. Rociar con aceite de oliva y salpimentar. Cocinar en horno a temperatura media durante 15 minutos. Luego, en otra placa, colocar el jamón crudo y cocinar en horno a temperatura baja hasta que quede crocante.
Blanquear los espárragos en agua hirviendo durante 5 minutos. Retirar y combinar con hojas de espinaca y el queso parmesano en escamas. Agregar los tomates y el jamón crudo.
Disolver la sal en el jugo de limón. Agregar azúcar, pimienta negra recién molida, albahaca fresca picada y emulsionar con aceite de oliva.
Condimentar la ensalada y servir.
También se puede servir individualmente, colocando hojas de espinacas en el fondo del plato y los demás ingredientes en el centro, dándoles volumen. En el momento de consumir la ensalada, rociarla con la vinagreta agridulce.

Ensalada tibia de calabazas

Tiempo de preparación: 20 minutos
Tiempo de cocción: 25 minutos
Menú: Entrada
Porciones: 6

Ingredientes

1 calabaza
4 cucharadas de azúcar negro
2 cucharadas de manteca
100 g de jamón crudo
1 cebolla colorada
100 g de queso gruyère
hojas verdes
Vinagreta:
sal
pimienta negra recién molida
2 cucharadas de aceto balsámico
6 cucharadas de aceite de oliva
2 cucharadas de mostaza de Dijón

Procedimiento

Pelar la calabaza y cortar en cubos de 2 cm de lado aproximadamente. Colocar en una fuente para horno. Espolvorear con azúcar negro y salpimentar. Agregar manteca en cubos chicos y cocinar en horno a temperatura media durante 20 minutos.
Cortar el jamón crudo en cubos chicos. En una sartén caliente, sin materia grasa, saltear hasta dorar. Reservar.
Realizar escamas con el queso gruyère. Cortar las hojas verdes con la mano y picar la cebolla en láminas finas.
Combinar todos los vegetales en un bol.
Para la vinagreta disolver la sal en el aceto, agregar pimienta negra recién molida, mostaza y emulsionar con aceite de oliva.
Servir la ensalada sobre una rodaja de pan tostado y salsear por encima con la vinagreta.

■ FRITTATA DE CEBOLLAS CARAMELIZADAS

Tiempo de preparación: 10 minutos
Tiempo de cocción: 25 minutos
Menú: Entrada
Porciones: 4

INGREDIENTES

1 cucharada de manteca
1 cucharada de aceite
6 cebollas grandes
3 cucharadas de azúcar
6 huevos
½ taza de leche
pimienta negra recién molida
½ taza de queso gruyère
orégano fresco
hierbas frescas

PROCEDIMIENTO

En una sartén colocar la manteca junto con el aceite. Una vez derretida la manteca agregar cebollas cortadas en láminas finas. Espolvorear con azúcar. Cocinar hasta que estén bien doradas.
En un bol mezclar huevos, leche y pimienta negra. Volcar esta mezcla sobre las cebollas y espolvorear con orégano fresco y queso gruyère rallado.
Una vez dorada la parte inferior, girar con la ayuda de una tapa o bandeja. Cocinar del otro lado durante 7 minutos más.
Servir y espolvorear con hierbas frescas picadas.

■ FUENTE DE ZAPALLITOS

Tiempo de preparación: 15 minutos
Tiempo de cocción: 25 minutos
Menú: Entrada o guarnición
Porciones: 6

INGREDIENTES

4 zapallitos
4 tomates
4 cebollas
3 cucharadas de manteca
1 lata de choclo en granos
2 cucharadas de leche
1 cucharada de azúcar
sal
pimienta negra recién molida
300 g de queso fresco
500 cm³ de salsa blanca

PROCEDIMIENTO

Cortar los zapallitos, los tomates y las cebollas en rodajas. Saltear en una sartén con manteca. Tapar y cocinar hasta tiernizar. Salpimentar.
Mezclar el choclo con leche, azúcar, sal y pimienta. Unir a la preparación anterior y colocar en una fuente para horno. Cubrir con salsa blanca y queso fresco.
Cocinar en horno fuerte hasta dorar la superficie.

■ GAZPACHO

Tiempo de preparación: 15 minutos
Menú: Entrada
Porciones: 8

INGREDIENTES

1 kg de tomates
1 pimiento verde pelado
2 dientes de ajo
1 pepino
½ cebolla
½ pimiento rojo pelado
aceite de oliva
2 rodajas de miga de pan
vinagre de vino
sal
pimienta negra
agua, cantidad necesaria

PROCEDIMIENTO

Realizar un pequeño corte en cruz en la piel de los tomates. Sumergir por 30 segundos en agua hirviendo. Retirar y cortar la cocción en agua helada. Pelar y retirar las semillas.
Colocar en el vaso de la licuadora tomates, cebolla, ajo, pimientos, miga de pan y el pepino pelado, todo cortado groseramente. Agregar agua y licuar hasta integrar muy bien. Salpimentar. Agregar un poco de vinagre de vino y aceite de oliva. Debe quedar de consistencia pesada.
Reservar en la heladera durante una hora.
Servir acompañando con vegetales cortados en cubos pequeños.

El gazpacho es una sopa fría típica de Andalucía, especial para los días de calor. Se puede conservar en la heladera durante aproximadamente 5 ó 6 días.

PASCUALINA DE FLORA

Cada vez que llegaba a casa, abría la heladera y me encontraba con este manjar, me sonreía el corazón.

Tiempo de preparación: 30 minutos
Tiempo de cocción: 40 minutos
Menú: Entrada o plato principal
Porciones: 8

INGREDIENTES

Masa:
   2 tazas de harina común o leudante
   100 g de manteca
   leche fría, cantidad necesaria
Relleno:
   3 tazas de espinaca o acelga hervida y escurrida
   3 dientes de ajo
   manteca
   sal
   pimienta negra recién molida
   1 taza de queso rallado
   2 huevos frescos
   4 huevos duros
   150 g de queso mantecoso
   3 cucharadas de azúcar

PROCEDIMIENTO

Realizar un arenado con harina y manteca fría. Añadir leche hasta realizar una masa lisa. Dividir en dos. Estirar y forrar con una parte un molde de tarta de 4 cm de altura.
Saltear los dientes de ajo picados en un poco de manteca. Agregar espinaca o acelga picada finamente. Condimentar con sal y pimienta. Dejar enfriar. Incorporar queso rallado y los huevos batidos ligeramente. Colocar la mitad del relleno sobre la tarta, huevos duros cortados al medio y una capa de queso mantecoso. Disponer el resto del relleno.
Cubrir con la otra masa estirada. Pintar la superficie con leche, espolvorear con azúcar y cocinar en horno a temperatura moderada hasta dorar, aproximadamente 40 minutos.

■ Puerros a la vinagreta

Tiempo de preparación: 5 minutos
Tiempo de cocción: 6 minutos
Menú: Guarnición
Porciones: 4

Ingredientes

8 puerros
4 dientes de ajo
perejil fresco
4 huevos duros
1 litro de agua
250 cm³ de vinagre de vino blanco
aceite de oliva, cantidad necesaria
2 cucharadas de sal gruesa

Procedimiento

Calentar el vinagre con agua, sal y los puerros limpios cortados en cuartos hasta tiernizar (aproximadamente 6 minutos). Retirar y enfriar.
Espolvorear con perejil, ajo y huevos duros picados. Cubrir con aceite de oliva y reservar tapado en la heladera hasta el momento de utilizar.

■ QUICHE DE RICOTA Y ESPINACAS

Tiempo de preparación: 40 minutos
Tiempo de cocción: 40 minutos
Menú: Entrada
Porciones: 8

INGREDIENTES

Masa:
    200 g de harina
    1 pizca de sal
    100 g de manteca
    1 huevo
    agua, cantidad necesaria
Relleno:
    500 g de espinacas
    20 g de manteca
    3 huevos
    200 g de ricota
    100 g de queso fresco
    nuez moscada
    sal
    pimienta negra recién molida

PROCEDIMIENTO

Para realizar la masa trabajar la harina, la sal y la manteca hasta obtener un arenado grueso. Agregar el huevo, agua y tomar la masa tratando de amasar lo menos posible. Tapar con papel film y reservar en frío durante 30 minutos.

Limpiar las espinacas, retirar los tallos y secar. En una sartén derretir manteca e incorporar las espinacas. Rehogar 3 minutos. Escurrir y picar.

Estirar la masa hasta 4 mm de espesor, colocar sobre un molde para tarta y cocinar a blanco (hasta la mitad de su cocción final).

En un bol batir huevos, queso, ricota y agregar las espinacas. Condimentar con sal, pimienta recién molida y nuez moscada.

Colocar la mezcla sobre la masa y hornear por 20 minutos hasta dorar.

◼ Rᴇᴍᴏʟᴀᴄʜᴀs ɢʟᴀsᴇᴀᴅᴀs, ʟᴀs ǫᴜᴇ sᴇ ʜᴀᴄᴇɴ ᴇɴ ᴄᴀsᴀ

Tiempo de preparación: 5 minutos
Tiempo de cocción: 25 minutos
Menú: Guarnición
Porciones: 4

Iɴɢʀᴇᴅɪᴇɴᴛᴇs

½ kg de remolachas
1 taza de vino seco
1 cucharada de vinagre
1 cucharada de fécula de maíz
1 taza de azúcar
2 cucharadas de manteca
sal
pimienta negra

Pʀᴏᴄᴇᴅɪᴍɪᴇɴᴛᴏ

Cocinar las remolachas en agua hirviendo con sal. Pelar y cortar en rodajas finas. Colocar el vino en una cacerola junto con vinagre, fécula y azúcar. Mezclar y llevar al fuego revolviendo constantemente hasta espesar. Incorporar las remolachas y dejar reposar. Agregar manteca antes de servir y salpimentar.

Repollo relleno

Cómo se comía en casa, ¡¡¡mamma mía!!!

Tiempo de preparación: 30 minutos
Tiempo de cocción: 40 minutos
Menú: Guarnición

INGREDIENTES

1 repollo
1 rodaja de pan lactal
3 cucharadas de leche
2 cucharadas de aceite
orégano fresco
perejil fresco
1 diente de ajo
2 cucharadas de queso parmesano rallado
200 g de salchichas
100 g de panceta ahumada
4 huevos
Salsa:
1 cebolla
1 pimiento colorado
1 tomate sin semillas
1 cucharadita de azúcar
1 cucharadita de extracto de tomate
1 taza de caldo de verduras
sal y pimienta negra

PROCEDIMIENTO

Hervir el repollo en agua con sal hasta tiernizar. Cortar una porción de la parte superior para utilizar como tapa. Retirar con ayuda de un cuchillo el centro y picarlo.
Remojar la miga de pan en leche, escurrir y deshacer. Añadir el centro del repollo picado, aceite, sal, pimienta, orégano, perejil, ajo picado, queso rallado, salchichas y panceta previamente doradas picadas y huevos. Mezclar bien.
Rellenar el repollo en el centro y entre sus hojas. Cerrar con la tapa y atar con hilo de cocina.
Dorar en una sartén con aceite.

129

En una olla saltear cebolla y pimiento picados. Añadir el tomate en cubos, condimentar con azúcar, sal y pimienta negra recién molida. Añadir extracto de tomate y caldo de verduras. Colocar el repollo relleno y la panceta. Tapar y cocinar a fuego bajo durante 25 minutos.

ALGUNAS SUGERENCIAS
DE MARTINIANO

El repollo se puede terminar de cocinar en el horno, después de dorarlo en la sartén, con un poco de caldo.
A veces lo termino con queso rallado y lo gratino antes de llevarlo a la mesa.
A mí me gusta también cambiar la salsa por una de queso fontina. Doro 1 cebolla picada en una sartén con aceite y le agrego 1 taza de crema de leche, 100 g de queso fontina picado, sal y pimienta. Cuando el queso se funde, espolvoreo con perejil picado y ¡listo!

Revuelto de zapallitos de Perla

Tiempo de preparación: 10 minutos
Tiempo de cocción: 20 minutos
Menú: Guarnición
Porciones: 8

Ingredientes

1 kg de zapallitos
1 cebolla grande
2 dientes de ajo
4 cucharadas de pan rallado
1 cucharada de vinagre de alcohol
sal
pimienta negra
aceite de oliva

Procedimiento

En una sartén caliente con aceite de oliva saltear la cebolla y el ajo picados finamente hasta transparentar. Agregar los zapallitos rallados y cocinar la preparación a seco. Añadir vinagre de alcohol, pan rallado y salpimentar. Integrar todo muy bien hasta reducir nuevamente el líquido de cocción.
Servir como guarnición para carnes rojas o pescados.

■ SOPA DE ALCAUCILES Y PISTACHOS

Tiempo de preparación: 15 minutos
Tiempo de cocción: 30 minutos
Menú: Entrada
Porciones: 4

INGREDIENTES

10 alcauciles
1 ½ litro de caldo de verduras o agua
2 limones
50 g de manteca
300 cm³ de crema de leche
tomillo
150 g de pistachos
sal
pimienta

PROCEDIMIENTO

Deshojar los alcauciles y reservar los corazones y el tallo. Colocar en una olla y agregar 1 y ½ litro de agua o caldo de verduras. Incorporar el jugo de los limones, manteca, sal y pimienta. Colocar papel manteca en contacto con el agua y cocinar hasta que los alcauciles estén tiernos. Retirar y procesar con un poco del líquido de cocción. Colocar en una olla y agregar la crema y el tomillo. Llevar a ebullición durante 10 minutos. Salpimentar.
En una sartén tostar levemente los pistachos. Picar.
Servir la sopa en un plato hondo y espolvorear por encima con los pistachos.

Si no se consiguen pistachos, se pueden reemplazar por almendras. No es lo mismo, pero la combinación es exquisita de todas formas.

■ Sopa de calabaza y hongos

Tiempo de preparación: 15 minutos
Tiempo de cocción: 20 minutos
Menú: Entrada
Porciones: 4

INGREDIENTES

1 kg de calabaza
caldo de verduras
½ litro de leche
1 cebolla grande
50 g de manteca
100 g de champignones de París
1 diente de ajo
salvia fresca
sal
pimienta negra recién molida
4 rodajas de pan de campo

PROCEDIMIENTO

Colocar calabaza cortada en cubos en una olla y cubrir con caldo de verduras. Cocinar a fuego bajo hasta que esté bien tierna. Colar y procesar con la leche. Reservar.
En una olla con manteca saltear la cebolla y el ajo picados junto con los champignones cortados en cuartos. Salar. Incorporar la mezcla de calabaza y cocinar a fuego mínimo durante 5 minutos. Salpimentar y servir la sopa con una rodaja de pan tostado. Espolvorear con salvia picada.

■ SOPA DE LENTEJAS Y ANANÁ

A veces los platos nos sorprenden. Éste es uno de ellos. Como digo siempre: no me crean, háganlo...

Tiempo de preparación: 10 minutos
Tiempo de cocción: 25-30 minutos
Menú: Entrada
Porciones: 4

INGREDIENTES

400 g de lentejas remojadas
1 cebolla
2 dientes de ajo
150 g de panceta ahumada
2 tomates
150 cm³ de vino blanco
1 y ½ litro de caldo de ave
1 ananá
manteca
sal
pimienta negra recién molida
perejil fresco

PROCEDIMIENTO

En una olla bien caliente dorar la panceta cortada en bastones chicos. Agregar cebolla y ajo picados finamente. Cocinar hasta transparentar. Incorporar las lentejas y el tomate cortado en cubos sin piel y sin semillas. Añadir vino blanco y cocinar hasta evaporar el alcohol. Agregar caldo. Cocinar en un hervor suave hasta que las lentejas estén bien cocidas. Salpimentar.
Pelar el ananá. Descartar el centro y cortar en cubos chicos.
En una sartén caliente con manteca saltear durante unos minutos. Salpimentar.
Incorporar a la sopa y cocinar todos los ingredientes durante 5 minutos. Servir acompañada de tostadas de pan integral y espolvorear con perejil picado.

■ SOPA DE REMOLACHAS

Tiempo de preparación: 10 minutos
Tiempo de cocción: 40 minutos
Menú: Entrada
Porciones: 6

INGREDIENTES

1 kg de remolachas
1 cebolla picada
caldo de verduras
1 cucharada de sal
pimienta negra recién molida
jugo de 3 limones
2 cucharadas de azúcar moreno
200 g de queso crema
2 cebollas de verdeo picadas

PROCEDIMIENTO

Colocar las remolachas peladas y la cebolla picadas en una olla grande. Cubrir con caldo y llevar a ebullición. Bajar el fuego y cocinar hasta tiernizar. Colar el líquido y reservar en un bol.
Procesar las remolachas junto con la cebolla hasta obtener un puré bien liso.
Colocar en una olla y añadir parte del líquido de cocción. Llevar nuevamente la preparación al fuego durante 5 minutos. Salpimentar y agregar jugo de limón y azúcar moreno.
Servir la sopa con un poco de queso crema y cebolla de verdeo picada.

■ Soufflé de coliflor

Otra de las recetas espectaculares que se hacían en casa y que tan bien le salían a Florita, otra de mis viejas; un fenómeno.

Tiempo de preparación: 20 minutos
Tiempo de cocción: 10 minutos
Menú: Entrada
Porciones: 4

Ingredientes

1 coliflor
1 taza de salsa blanca
3 yemas
½ taza de queso parmesano rallado
3 claras
sal
pimienta negra recién molida

Procedimiento

Cocinar la coliflor en agua hirviendo con sal. Picar finamente, casi hasta puré. Mezclar con salsa blanca, yemas, queso rallado, sal y pimienta.
Incorporar las claras batidas a punto de nieve de manera suave y envolvente. Disponer en un molde para soufflé previamente enmantecado y cocinar en horno fuerte hasta que crezca y se dore levemente la superficie.
Servir inmediatamente con milanesas y mucho jugo de limón (es mi receta de felicidad).

■ Soufflé de espinacas y nueces

Tiempo de preparación: 20 minutos
Tiempo de cocción: 20 minutos
Menú: Entrada
Porciones: 8

Ingredientes

4 tazas de espinacas cocidas y picadas
30 g de harina
30 g de manteca
500 cm³ de leche
100 g de queso parmesano rallado
100 g de nueces peladas y picadas
6 yemas
6 claras
sal
pimienta
manteca y harina adicional

Procedimiento

Derretir la manteca. Agregar la harina e integrar muy bien. Incorporar leche caliente y sin dejar de revolver llevar a ebullición. Cocinar hasta obtener una salsa bien espesa.
Mezclar espinacas con la salsa. Agregar queso parmesano rallado, nueces picadas, yemas, sal y pimienta. Añadir las claras batidas a nieve.
Colocar la mezcla en moldes individuales previamente enmantecados y enharinados. Por último cocinar en horno fuerte hasta que crezcan y doren levemente la superficie.
Servir inmediatamente.

■ Soufflé de zapallo y salvia

Tiempo de preparación: 20 minutos
Tiempo de cocción: 20 minutos
Menú: Entrada
Porciones: 8

INGREDIENTES

500 cm³ de leche
3 cucharadas de manteca
3 cucharadas de harina
sal
pimienta
nuez moscada
1 kg de zapallo
salvia fresca
6 yemas
6 claras

PROCEDIMIENTO

En una olla derretir manteca. Agregar harina, mezclar muy bien y cocinar durante 30 segundos sin que la mezcla tome demasiada coloración. Incorporar la leche caliente sin dejar de batir y cocinar hasta obtener una salsa blanca espesa. Salpimentar y agregar nuez moscada.
Cocinar el zapallo en el horno. Retirar, pelar y reducir a puré.
Mezclar la salsa blanca, el puré de zapallo, la salvia fresca picada y las yemas. Salpimentar. Batir las claras a punto de nieve y agregar a la mezcla con movimientos suaves y envolventes.
Colocar la preparación en moldes individuales previamente enmantecados y enharinados. Por último cocinar en horno fuerte hasta que crezcan y se dore levemente la superficie. Servir inmediatamente.

El secreto para un buen soufflé es que el horno debe estar bien caliente y no debe abrirse durante la cocción. También se puede realizar en un molde grande, aunque hay que tener en cuenta que el tiempo de cocción será mayor que en los moldes individuales.

▪ STRUDEL DE HONGOS

Tiempo de preparación: 10 minutos
Tiempo de cocción: 20 minutos
Menú: Entrada
Porciones: 4

INGREDIENTES

1 tapa para tarta hojaldrada
manteca
100 g de champignones de París
100 g de portobellos
100 g de gírgolas
2 cebollas medianas
100 g de panceta ahumada
sal
pimienta negra recién molida
1 huevo para pintar
hojas verdes
Aceite de perejil:
   8 cucharadas de aceite
   1 taza de perejil fresco

PROCEDIMIENTO

Picar las cebollas finamente y cortar la panceta en cubitos pequeños. Dorar en una sartén. Agregar una cucharada de aceite y rehogar hasta tiernizar. Incorporar los champignones, portobellos y
gírgolas cortados en cubos pequeños y saltear durante 3 minutos.
Salpimentar. Reservar.
Estirar la masa con un palote hasta que esté bien fina. Disponer el
salteado de hongos y enrollar dejando el pliegue hacia abajo. Colocar en una placa previamente enmantecada. Pintar con huevo y cocinar en horno fuerte hasta dorar.
Procesar aceite y perejil.
Cortar el strudel y servir tibio sobre un colchón de hojas verdes, rociando con el aceite de perejil.

■ TARTA DE CEBOLLAS Y PANCETA

Tiempo de preparación: 40 minutos
Tiempo de cocción: 40 minutos
Menú: Entrada
Porciones: 8

INGREDIENTES

Masa:
    200 g de harina
    100 g de manteca
    1 pizca de sal
    2 cucharadas de páprika
    3 cucharadas de agua fría
Relleno:
    200 g de panceta ahumada
    3 cebollas grandes
    orégano fresco
    100 cm³ de crema de leche
    3 huevos
    sal
    pimienta negra recién molida

PROCEDIMIENTO

En un bol colocar harina, manteca fría cortada en cubos y páprika. Trabajar la mezcla con la yema de los dedos hasta obtener una textura arenosa. Salar y agregar agua fría. Unir muy bien todos los ingredientes hasta lograr un bollo liso, sin amasar demasiado.
Cubrir la masa con papel film y reservar en frío durante media hora. Estirar con un palote sobre un molde para tarta. Colocar un peso encima y blanquear en horno medio durante 5 minutos aproximadamente. Retirar y reservar.
Cortar las cebollas en láminas, la panceta en bastones y dorar levemente en una sartén sin materia grasa. Salpimentar. Reservar y mezclar esta preparación con los huevos, la crema de leche, sal y pimienta negra.
Colocar esta preparación sobre la masa, espolvorear con orégano y cocinar en horno fuerte hasta que el relleno cuaje y dore levemente en la superficie.

■ Tarta mediterránea

Tiempo de preparación: 40 minutos
Tiempo de cocción: 40 minutos
Menú: Entrada
Porciones: 8

Ingredientes

Masa:
> 200 g de harina
> 100 g de manteca
> 1 pizca de sal
> albahaca fresca
> 1 huevo
> 2 cucharadas de agua

Relleno:
> 100 g de anchoas
> 8 tomates
> 100 g de aceitunas negras
> 150 g de queso mozzarella

Procedimiento

Tamizar la harina junto con la sal. Trabajar junto con manteca fría en cubos y albahaca picada hasta obtener una preparación similar a las migas de pan. Agregar el huevo y el agua. Tomar la masa sin amasar demasiado. Tapar con papel film y reservar en frío durante 30 minutos. Estirar con un palote y colocar sobre un molde para tarta. Blanquear en horno medio durante 5 minutos aproximadamente. Retirar y reservar.

Cortar los tomates en rodajas finas y cubrir la base de la tarta, incorporar aceitunas negras fileteadas, anchoas y albahaca fresca. Cubrir con tomates y espolvorear con queso mozzarella rallado.

Llevar a horno fuerte para terminar la cocción y dorar levemente la superficie.

■ TORTA DE ZAPALLITOS

"¡¡¡No se puede creer, Elsa...!!!"

Tiempo de preparación: 40 minutos
Tiempo de cocción: 40 minutos
Menú: Entrada o plato principal
Porciones: 8

INGREDIENTES

Masa:
  200 g de harina
  1 pizca de sal
  100 g de manteca
  1 yema
  3 cucharadas de agua
Relleno:
  1 kg de zapallitos redondos
  100 g de manteca
  2 cucharadas de aceite
  1 cebolla
  sal
  pimienta negra recién molida
  1 cucharada de azúcar
  1 rodaja de pan lactal
  2 cucharadas de leche
  3 cucharadas de queso parmesano rallado
  6 huevos
  1 clara de huevo
  3 cucharadas de azúcar

PROCEDIMIENTO

Trabajar con las manos la harina junto con la sal y la manteca fría hasta lograr una textura arenosa. Agregar la yema y agua fría. Unir muy bien hasta obtener una masa lisa. Reservar en frío durante 30 minutos. Dividir en dos bollos. Estirar con un palote uno de ellos y disponer en una tartera.
Saltear la cebolla picada con aceite y manteca hasta transparentar. Añadir los zapallitos cortados en tiras finas. Cocinar hasta lograr un relleno seco y tierno. Condimentar con sal, pimienta y azúcar. Agre-

gar el pan previamente remojado en leche y escurrido, queso rallado y los 6 huevos batidos ligeramente.

Rellenar la tarta y tapar con el resto de la masa. Unir y cerrar bien los bordes. Pintar la superficie con clara de huevo y espolvorear con azúcar.

Cocinar en horno medio hasta dorar, durante aproximadamente 40 minutos.

ALGuNas suGeReNCias
De MaRTiNiaNo

Otra opción de relleno es grillar zapallitos, cebollas, berenjenas, pimientos y tomates en rodajas con aceite de oliva. Una vez tiernos rellenar la base de masa intercalando los vegetales con queso cremoso y parmesano rallado.

A veces, en lugar de utilizar sólo zapallitos, le agrego repollitos de Bruselas cocidos.

143

■ TORTILLA DE VERDURAS Y JAMÓN CRUDO

Tiempo de preparación: 10 minutos
Tiempo de cocción: 20 minutos
Menú: Entrada
Porciones: 4-6

INGREDIENTES

1 zanahoria cortada en bastones finos
1 cebolla en láminas finas
3 cucharadas de aceite de oliva
100 g de champignones
8 huevos
2 dientes de ajo picados
hojas de albahaca
½ taza de queso parmesano rallado
50 g aceitunas verdes descarozadas
100 g de jamón crudo
sal
pimienta negra recién molida

PROCEDIMIENTO

En una sartén con aceite saltear la cebolla y la zanahoria durante 2 minutos para tiernizar. Reservar. Saltear los champignones fileteados a fuego vivo durante 5 minutos.
En un bol mezclar el salteado de cebolla, zanahoria y champignones, ajo, queso parmesano rallado, jamón crudo en tiras, aceitunas picadas, albahaca y huevos. Salpimentar.
En una sartén caliente con aceite de oliva incorporar la preparación anterior y presionar muy bien para lograr una tortilla pareja. Una vez dorada de un lado, girar y dorar del lado restante. Servir como entrada realizando tortillas pequeñas o colocarla en una gran fuente.

El secreto para hacer unas tortillas jugosas es el siguiente: cuando colocamos la preparación en la sartén con aceite, ésta debe estar bien caliente. Esparcimos homogéneamente y cocinamos durante 1 minuto. Luego llevamos el fuego al mínimo (para que no se queme) durante 2 minutos. Después, levantamos nuevamente el fuego al máximo y giramos la tortilla. Cocinamos durante 1 minuto más y la retiramos. Et voilà!

◾ Tortilla española "Elvi"

Homenaje a una gran cocinera de todos los días, por su esmero y creatividad en la cocina.

Tiempo de preparación: 15 minutos
Tiempo de cocción: 15 minutos
Menú: Entrada
Porciones: 4-6

Ingredientes

1 kg de papas
3 cebollas
aceite de oliva
aceite de maíz
8 huevos
sal
pimienta
pimentón
perejil picado

Procedimiento

Pelar las papas y cortarlas en rodajas. Colocar en una olla y cubrir con aceite de maíz. Cocinar a fuego bajo, sin dejar que el aceite llegue a punto de ebullición, hasta que las papas estén bien tiernas. Escurrir y reservar.
Cortar las cebollas en láminas finas y saltear en una sartén con aceite de oliva hasta transparentar. Retirar del fuego y reservar.
En un bol batir ligeramente huevos y pimentón. Agregar las papas y las cebollas frías. Salpimentar.
En una sartén caliente y con aceite de oliva volcar la preparación. Cocinar durante unos minutos hasta dorar el lado inferior. Con la ayuda de una tapa girar la tortilla y terminar la cocción del otro lado (debe quedar jugosa por dentro).
Servir en un plato grande y espolvorear con perejil picado.

Vinagreta de pencas picantes

Gracias Nori por la magia...

Tiempo de preparación: 10 minutos
Tiempo de cocción: 10 minutos
Menú: Guarnición

Ingredientes

pencas de 2 paquetes de acelga
1 litro de vinagre de vino blanco
500 cm^3 de agua
2 cucharadas soperas de sal gruesa
ají molido
orégano fresco
4 dientes de ajo
aceite, cantidad necesaria

Procedimiento

Colocar en una olla y llevar a ebullición durante 10 minutos el vinagre, el agua, la sal y las pencas de acelga cortadas en tiras a lo largo. Colar y dejar enfriar.
Reservar en un frasco esterilizado condimentando esta preparación con ají molido, ajo picado, orégano y aceite suficiente para cubrir toda la preparación.

Pescados y Mariscos

ABADEJO CON MANTECA DE CILANTRO Y VERDURAS AL VAPOR

Tiempo de preparación: 10 minutos
Tiempo de cocción: 20 minutos
Menú: Plato principal
Porciones: 4

INGREDIENTES

4 filetes de abadejo medianos
Salsa:
200 cm^3 de vino blanco
200 cm^3 de jugo de limón
4 cucharadas de manteca
cilantro fresco
Guarnición:
½ planta de brócoli
2 zucchinis
2 zanahorias
½ planta de coliflor
aceite de oliva, sal y pimienta negra

PROCEDIMIENTO

En una sartén caliente con aceite de oliva dorar los filetes por ambos lados. Salpimentar. Retirar y terminar la cocción en horno medio durante 5 minutos.
En una olla reducir el vino blanco a la tercera parte de su volumen. Agregar jugo de limón y por último manteca hasta lograr una salsa brillante y con cuerpo. Incorporar abundante cilantro picado y salpimentar.
Cortar el zucchini y la zanahoria en rodajas de 1 cm. Cortar las flores del brócoli y de la coliflor.
Cocinar al vapor aromatizando con hierbas frescas. Deben quedar crocantes y cocidas. Salpimentar.
Servir el pescado con la guarnición de vegetales y la manteca de cilantro. Para cocinar al vapor existen unas vaporieras orientales. Son unas rejas hechas de caña de bambú que se colocan sobre una sartén con un poco de agua hirviendo. Dentro de estas rejas, que pueden superponerse, van los ingredientes. Hay que tener en cuenta que los elementos con mayor tiempo de cocción deben ir abajo y a medida que vamos subiendo en los pisos de bambú se van reduciendo los tiempos de cocción. Se consiguen en los mercados orientales y se pueden reemplazar por coladores o rejas de metal.

149

◼ BESUGO A LA VERACRUZANA

Tiempo de preparación: 15 minutos
Tiempo de cocción: 20 minutos
Menú: Plato principal
Porciones: 4

INGREDIENTES

4 filetes de besugo
2 cebollas
2 dientes de ajo
1 pimiento verde
1 pimiento rojo
1 pimiento amarillo
1 chile picante
aceite de oliva
200 cm³ de vinagre blanco
100 g de aceitunas verdes descarozadas
50 g de alcaparras
200 cm³ de salsa de tomate
orégano fresco o seco
sal
pimienta negra recién molida

PROCEDIMIENTO

Cortar las cebollas y los pimientos en tiras finas. En una sartén con aceite de oliva dorar los filetes de lado y lado. Salpimentar y reservar.
En una misma sartén saltear las cebollas y los pimientos por unos minutos. Agregar los ajos picados finamente. Incorporar el chile y el vinagre blanco y cocinar durante 6 minutos.
Por último añadir la salsa de tomate, alcaparras, aceitunas, orégano, sal, pimienta y los filetes de besugo.
Cocinar todo junto durante 4 minutos y servir bien caliente.

◼ Budín de atún

Tiempo de preparación: 15 minutos
Tiempo de cocción: 45 minutos
Menú: Entrada
Porciones: 6

INGREDIENTES

1 taza de miga de pan
leche, cantidad necesaria
1 cebolla grande
2 puerros
2 echalottes
100 cm³ de vino blanco
4 latas de atún al natural
3 huevos
2 cucharadas de jugo de limón
sal
pimienta negra recién molida
ciboulette picada
aceite

PROCEDIMIENTO

En una sartén caliente con aceite rehogar cebolla, puerros y echalottes picados finamente hasta transparentar. Agregar el vino blanco y reducir hasta evaporar el alcohol. Continuar la cocción hasta tiernizar los vegetales. Retirar y en un bol combinar con los huevos, atún, jugo de limón, sal, pimienta negra recién molida, ciboulette y la miga de pan previamente remojada en leche. Colocar la mezcla en un molde y hornear a temperatura media hasta que al introducir un palillo en el centro, éste salga limpio.
Servir el budín acompañado de una ensalada de hojas verdes y tostadas.

CACHETES DE ABADEJO EN PAPILLOTE

Tiempo de preparación: 10 minutos
Tiempo de cocción: 10 minutos
Menú: Plato principal
Porciones: 4

INGREDIENTES

20 cachetes de abadejo
aceite de oliva
150 g de camarones
50 g de aceitunas negras
ralladura y jugo de 1 limón
3 tomates
12 espárragos
eneldo fresco
sal
pimienta negra

PROCEDIMIENTO

Sobre una mesada de cocina disponer un rectángulo de papel aluminio. Rociar con aceite de oliva. Colocar encima los cachetes, camarones, aceitunas negras fileteadas, la ralladura de limón, eneldo
fresco y tomate en cubos sin piel y sin semillas. Blanquear los espárragos y colocar con el resto de los ingredientes. Salpimentar y agregar un poco de aceite de oliva y el jugo del limón.
Cerrar con otro rectángulo de papel aluminio y sellar muy bien los
bordes. Colocar en una placa y cocinar en horno fuerte durante 8
minutos.
Colocar el paquete en una fuente y abrir con un cuchillo una vez en
la mesa.

El papillote es una receta súper simple y espectacular. Sirve sobre
todo para cuando uno no quiere trabajar demasiado en la cocina
pero se quiere lucir con sus invitados. Es por eso que esta receta me
parece ideal para estos casos. De más está decir que se pueden
combinar todo tipo de verduras y también utilizar otros pescados.
Con esta técnica también se pueden cocinar carnes de ave.
Si no tenemos papel aluminio, se puede reemplazar por papel
manteca.

■ CALAMARES RELLENOS

Tiempo de preparación: 15 minutos
Tiempo de cocción: 30 minutos
Menú: Plato principal
Porciones: 4

INGREDIENTES

8 calamares chicos
120 g de pan lactal
120 cm³ de leche
2 cebollas
1 puerro
1 diente de ajo
100 cm³ de vino blanco
3 huevos duros
5 tomates
caldo de verduras
1 hoja de laurel
sal
pimienta
perejil
aceite de oliva
Salsa:
300 cm³ de salsa de tomate
tomillo picado
100 cm³ de crema de leche

PROCEDIMIENTO

Limpiar los calamares. Picar los tentáculos. Remojar el pan en leche.
En una sartén bien caliente con aceite de oliva saltear la cebolla, el puerro y el ajo picados finamente. Agregar los tentáculos y cocinar durante 3 minutos. Incorporar el vino blanco y cocinar hasta evaporar el alcohol. Por último añadir el tomate cubeteado sin piel ni semillas y reducir casi a seco. Retirar del fuego y agregar el pan mojado, perejil, huevo duro picado, sal y pimienta.
Rellenar los calamares y cerrar con palillos de madera. Cocinar en caldo aromatizado con laurel durante 30-40 minutos.
En una olla calentar la salsa de tomate con el tomillo. Agregar la crema, sal, pimienta y reducir hasta lograr la consistencia deseada.
Servir los calamares con la salsa de tomates y tomillo.

153

▪ CEBICHE DE LANGOSTINOS Y LENGUADO

Tiempo de preparación: 10 minutos
Menú: Entrada
Porciones: 4

INGREDIENTES

12 langostinos crudos
2 filetes de lenguado
1 cebolla colorada
½ chile rojo
jugo de 6 limas
cilantro fresco
sal
1 tomate
100 g de hojas verdes

PROCEDIMIENTO

Cortar el lenguado en cubos chicos. Limpiar los langostinos. Salar. En un bol combinar ambos productos. Agregar la cebolla cortada en láminas finas, chile picado y cubrir con el jugo de limas. Tapar con papel film y reservar en la heladera durante 30 minutos.
Sobre un plato disponer las hojas verdes. Presentar el ceviche sobre éstas y espolvorear con cilantro fresco picado.
Decorar con el tomate cubeteado.

CORVINA ENTERA A LA PARRILLA CON MAYONESA CASERA

Tiempo de preparación: 20 minutos
Tiempo de cocción: 1 hora
Menú: Plato principal
Porciones: 6

INGREDIENTES

1 corvina de 3 kg
hierbas frescas
1 cabeza de ajo
1 taza de agua
jugo de 5 limones
aceite de oliva
sal
Mayonesa:
3 yemas
aceite de maíz
jugo de 2 limones
perejil
sal
pimienta negra recién molida

PROCEDIMIENTO

En una olla colocar ajos machacados, el jugo de limón, agua, sal, un chorrito de aceite de oliva y las hierbas. Llevar el líquido a ebullición y luego apagar el fuego. Dejar infusionar todos los sabores por unos minutos.
Realizar cortes superficiales en la piel de la corvina. Colocar en una bandeja o recipiente y cubrir con la marinada. Colocar las hierbas y ajos en los cortes y dentro del pescado. Reservar en frío durante 4 horas.
Calentar muy bien los hierros de la parrilla y limpiar de grasa. Retirar un poco de brasas y colocar el pescado en la grilla. Cocinar a fuego bien lento durante 40 minutos rociando esporádicamente con el jugo de la marinada.
Para la mayonesa colocar las yemas, sal y el jugo de limón en un bol. Agregar aceite de maíz en forma de hilo batiendo enérgicamente con batidor de alambre. A último momento agregar abundante pimienta negra recién molida y perejil picado.
Servir la corvina con alguna ensalada de hojas frescas y la mayonesa casera.

■ Dorado grillé con salsa gribiche

Tiempo de preparación: 10 minutos
Tiempo de cocción: 20 minutos
Menú: Plato principal
Porciones: 4

INGREDIENTES

4 bifes de dorado de 250 g cada uno
aceite de oliva
Salsa:
3 huevos duros
1 yema
1 cucharada de mostaza de Dijón
2 cucharadas de vinagre de vino blanco
50 g de alcaparras
30 g de pepinillos
eneldo fresco
Guarnición:
2 bulbos de hinojos
1 berenjena
1 zucchini
sal
pimienta negra recién molida

PROCEDIMIENTO

En una plancha bien caliente con aceite de oliva sellar las postas de dorado de lado y lado. Bajar el fuego y continuar la cocción durante 10 minutos. Salpimentar.
En un bol reducir a puré los huevos duros. Agregar la yema cruda, mostaza, 1 cucharada de aceite de oliva y trabajar hasta lograr una pasta lisa. Incorporar el vinagre y sin dejar de batir emulsionar con aceite de oliva. Una vez obtenida una salsa espesa y brillante añadir alcaparras, pepinillos, eneldo fresco picado, sal y pimienta. Reservar.
Cortar las verduras en láminas y grillar en la plancha con unas gotas de aceite de oliva. Salpimentar. Servir el pescado, las verduras grilladas y la salsa gribiche.
El dorado es un pescado de río (de la cuenca del Plata) bastante grasoso pero a la vez muy sabroso. Quizás el mejor tamaño es el de 5 kg de peso ya que no es demasiado grasoso. A los más chicos los limpio, los corto en trozos grandes, los paso por harina y los frío en aceite.

Ensalada escandinava

Tiempo de preparación: 10 minutos
Tiempo de cocción: 35 minutos
Menú: Entrada
Porciones: 4

INGREDIENTES

300 g de arenques en vinagre
2 papas
3 remolachas
1 cebolla
1 manzana verde
jugo de 1 limón
100 cm^3 de crema de leche
2 cucharadas de azúcar
sal
pimienta negra recién molida
hojas verdes

PROCEDIMIENTO

Cortar los filetes de arenque en trozos chicos. Reservar. En una olla con agua hirviendo cocinar las papas con cáscara. Una vez tiernas, pelar y cortar en cubos. Pelar la manzana y cortarla de la misma forma que las papas.
Cocinar las remolachas con cáscara en un olla con agua hirviendo. Pelar y cortar en cubos.
En un recipiente combinar los cubos de arenque, papas, remolachas y manzana. Añadir la cebolla rallada, jugo de limón, azúcar, crema de leche, sal y pimienta negra recién molida.
Servir la ensalada acompañada de hojas verdes.

ENSALADA TIBIA DE PESCADO

Tiempo de preparación: 15 minutos
Tiempo de cocción: 5 minutos
Menú: Entrada
Porciones: 4

INGREDIENTES

500 g de filetes de abadejo o brótola
1 pepino
2 tomates
1 cebolla colorada
100 g de hojas de espinacas
200 g de hojas de lechuga mantecosa
100 g de hojas de lechuga morada
aceite
Aderezo:
jugo de 2 limas
2 dientes de ajo picados
1 cucharada de miel
10 cucharadas de aceite de girasol
sal
pimienta negra recién molida

PROCEDIMIENTO

Cortar los filetes en porciones pequeñas y dorar en una sartén caliente con aceite de lado y lado. Salpimentar y reservar.
Cortar en láminas la cebolla colorada, los tomates en octavos y en rodajas el pepino. Limpiar las hojas y combinar con el resto de los ingredientes.
Para el aderezo unir todos los productos y condimentar la ensalada a último momento.

ESCABECHE DE PEJERREY

Tiempo de preparación: 15 minutos
Tiempo de cocción: 15 minutos
Menú: Entrada
Porciones: 4

INGREDIENTES

1 kg de filetes de pejerrey
2 zanahorias
1 pimiento colorado
2 cebollas
200 cm³ de aceite de oliva
200 cm³ de vinagre de manzanas
200 cm³ de agua
2 hojas de laurel
2 dientes de ajo
1 cucharada de granos de pimienta negra
sal

PROCEDIMIENTO

En una sartén con aceite de oliva saltear las cebollas, el pimiento y las zanahorias cortadas en láminas durante unos minutos. Salpimentar y reservar.

En una olla colocar el aceite, vinagre de manzanas, agua, sal, granos de pimienta, ajos machacados y laurel. Llevar el líquido a ebullición. Bajar el fuego y agregar los filetes. Cocinar durante 5 minutos y apagar el fuego. Dejar enfriar el pescado en el líquido y guardar la preparación en frascos previamente esterilizados. Conservar en la heladera cerrado herméticamente.

159

◼ GRILLA DE MAR CON SALSA ROUILLE

Tiempo de preparación: 20 minutos
Tiempo de cocción: 10 minutos
Menú: Plato principal
Porciones: 4

INGREDIENTES

12 chipirones
8 langostinos
2 filetes de abadejo (se puede reemplazar por otro pescado)
gotas de jugo de limón
gotas de salsa tabasco
Salsa:
150 g de morrones de lata
2 dientes de ajo
½ papa cocida
2 yemas
1 cucharada de puré de tomates
aceite de oliva
sal
pimienta negra recién molida
hojas verdes

PROCEDIMIENTO

Limpiar los chipirones y langostinos. Quitar la piel del pescado y cortar en trozos grandes. En una plancha caliente con aceite de oliva cocinar los chipirones, langostinos y el pescado durante 2 minutos por lado. Salpimentar. Rociar con gotas de jugo de limón y salsa tabasco.
Para la salsa combinar en un recipiente los morrones, la papa cocida, los dientes de ajo y el puré de tomates. Procesar. Añadir las yemas y aceite de oliva en forma de hilo batiendo enérgicamente para emulsionar. Debe quedar una consistencia similar a la de una mayonesa. Salpimentar.
Armar una ensalada con las hojas verdes. Condimentar a gusto.
Para la presentación disponer la ensalada en el centro del plato. Colocar los elementos grillados por encima y acompañar con la salsa rouille.

Ojo de bife en costra de chimichurri (pág. 39)

Guiso de cordero (pág. 59)

Cuadril con cebollas al vino tinto y crocante de batatas (pág. 21)

Costillas de codero con fondue de morrones (pág. 52)

Bondiola de chancho con jengibre y miel (pág. 66)

Ensalada Caesar con láminas de pollo (pág. 87)

Brochettes de chancho con adobo de naranja y jengibre (pág. 68)

Pechugas de pollo con tapenade y papas doradas (pág. 95)

Cubos de pollo con salteado agridulce (pág. 86)

Arriba: Sopa de calabaza y hongos (pág. 133)
Abajo: Sopa de alcauciles y pistachos (pág. 132)

Cebiche de langostinos y lenguado (pág. 154)

Milanesa de pescado con sabayón de limón (pág. 165)

Pesca del día con guacamole y chips de papa (pág. 168)

Risotto de hongos (pág. 214)

Nuestro chipá pequeño (pág. 192)

Pan árabe (pág. 195)

Panes saborizados (pág. 198)

Pappardelle con panceta, tomate y gotas de pesto (pág. 200)

Pizza de ajos y berenjenas (pág. 205)

Tarta de chocolate y frutillas con crema de yogur (pág. 260)

Flan de café (pág. 239)

Duraznos asados con Marsala (pág. 237)

Panna cotta con sopa de frutos rojos (pág. 251)

Tulipas rellenas con mousse de chocolate (pág. 274)

■ LENGUADO EN COSTRA DE LIMÓN CON CREMA DE ZANAHORIAS

Tiempo de preparación: 15 minutos
Tiempo de cocción: 20 minutos
Menú: Plato principal
Porciones: 4

INGREDIENTES

4 filetes de lenguado
aceite de oliva
6 cucharadas de manteca
100 g de pan rallado
ralladura de la cáscara de 2 limones
ciboulette fresca
Crema:
3 zanahorias grandes
150 cm^3 de leche
salvia fresca
sal
pimienta

PROCEDIMIENTO

En una sartén con aceite de oliva dorar los filetes de un solo lado. Retirar y reservar.
En un bol mezclar manteca pomada, pan rallado, ralladura de limón, sal, pimienta y ciboulette picada.
Disponer la mezcla sobre el lado crudo del pescado y llevar a horno fuerte hasta dorar.
Pelar las zanahorias y cortar en rodajas. Cocinar en una olla con agua hirviendo con sal. Una vez tiernas retirar y escurrir. Procesar con la leche, salpimentar y agregar salvia fresca picada.
Disponer la crema de zanahorias en la base del plato y sobre ésta colocar los filetes. Acompañar con una ensalada fresca de repollo blanco.

161

■ LENGUADO, BERENJENAS RELLENAS Y ALIÑO DE ESTRAGÓN

Tiempo de preparación: 20 minutos
Tiempo de cocción: 30 minutos
Menú: Plato principal
Porciones: 4

INGREDIENTES

1 kg de lenguado en rodajas
aceite de oliva
2 berenjenas
250 g de brócoli
2 tomates
100 g de queso crema
pan rallado cantidad necesaria
perejil picado
Aliño:
jugo de 1 limón
sal
estragón fresco
1 pizca de chile picado
pimienta negra

PROCEDIMIENTO

Dorar el pescado de lado y lado en una sartén con aceite de oliva. Salpimentar. Terminar la cocción en horno medio durante 12 minutos.
Cortar las berenjenas a la mitad. Rociar con aceite de oliva y cocinar en el horno. Cuando estén tiernas ahuecarlas y reservar la pulpa.
Cocinar el brócoli en agua hirviendo con sal y picar. Cortar el tomate en cubos sin piel y sin semillas y mezclarlo con el brócoli y pulpa de berenjenas. Unir con queso crema. Salpimentar.
Rellenar la berenjena con la mousse de brócoli. Espolvorear con pan rallado y perejil picado. Llevar a horno fuerte hasta dorar.
Disolver la sal en el jugo de limón. Agregar abundante estragón fresco, pimienta, una pizca de chile y emulsionar con aceite de oliva.
Servir el pescado acompañado por las berenjenas rellenas y rociar con el aliño de estragón.

■ MEJILLONES PROVENZAL

Tiempo de preparación: 10 minutos
Tiempo de cocción: 15 minutos
Menú: Plato principal
Porciones: 4

INGREDIENTES

2 kg de mejillones en su concha
50 g de manteca
2 cebollas
5 dientes de ajo
2 echalottes
250 cm³ de vino blanco
sal
pimienta negra recién molida
perejil fresco

PROCEDIMIENTO

En una cacerola bien grande derretir la manteca. Agregar las cebollas, los ajos y las echalottes picados finamente y rehogar hasta transparentar. Incorporar el vino blanco y los mejillones. Cocinar hasta evaporar el alcohol, tapar y continuar la cocción durante 5 minutos más.
Retirar los mejillones con una espumadera. Agregar al fondo de cocción abundante perejil picado y salpimentar.
Servir los mejillones y salsear con el fondo de cocción.

Todos los bivalvos que antes de cocinarlos se encuentren abiertos hay que descartarlos, al igual que los que luego de la cocción se mantienen cerrados. Podrían estar en mal estado y hacernos pasar un mal momento.
También es importante saber que lo que le da un sabor particular es el agua que se encuentra dentro. Por lo tanto, cualquiera que sea la forma en que los vayamos a preparar, nunca debemos perderla.

■ MERO AL VAPOR CON ALCAUCILES Y ESPÁRRAGOS

Tiempo de preparación: 20 minutos
Tiempo de cocción: 25 minutos
Menú: Plato principal
Porciones: 4

INGREDIENTES

4 bifes de mero de 250 g cada uno
orégano fresco
2 limones
1 hoja de laurel
Salsa:
400 cm³ de jugo de naranja
200 cm³ de caldo de pescado
70 g de manteca
Guarnición:
4 alcauciles
12 espárragos
200 g de chauchas
aceite de oliva
sal
pimienta negra recién molida

PROCEDIMIENTO

Sobre el piso de una vaporiera disponer rodajas de limón, orégano fresco y laurel. Colocar los filetes por encima, tapar y cocinar durante 5 minutos de cada lado. Salpimentar.
En una olla reducir el jugo de naranja y caldo de pescado a la tercera parte de su volumen. Agregar cubos fríos de manteca hasta lograr una salsa lisa y brillante. Salpimentar.
Deshojar los alcauciles y reservar los corazones. Cortar en mitades.
En una olla con agua hirviendo y sal cocinar primero los espárragos y luego las chauchas. Por último blanquear los alcauciles.
Saltear los vegetales blanqueados en una sartén con aceite de oliva. Salpimentar.
Servir el mero con la guarnición de vegetales y la salsa de naranja.
De esta manera podemos cocinar cualquier pescado, fileteado o entero (si fuese una pieza pequeña). Es una técnica que realza los sabores de una manera notable. La carne queda muy sabrosa y bien húmeda.

■ Milanesa de pescado con sabayón de limón

Tiempo de preparación: 30 minutos
Tiempo de cocción: 15 minutos
Menú: Plato principal
Porciones: 4

Ingredientes

1,200 kg de brótola despinada
3 huevos
350 g de pan rallado
2 dientes de ajo
perejil fresco
aceite mezcla
Sabayón:
4 yemas
jugo de 3 limones
3 cucharadas de vino blanco seco
sal
pimienta negra recién molida
eneldo fresco

Procedimiento

Cortar el pescado en trozos de 150 g cada uno. Mezclar el pan rallado con ajo y perejil picados. Batir los huevos y salpimentar muy bien.
Pasar los trozos de brótola por la mezcla de pan rallado, luego por
los huevos y nuevamente por el pan. Llevar a la heladera durante 30
minutos.
Freír en abundante aceite hasta dorar. Retirar y terminar la cocción
en horno medio durante 4 minutos.
Para el sabayón batir las yemas, jugo de limón y vino blanco. Cocinar en baño de María batiendo constantemente hasta obtener una
salsa espumosa y con un volumen 2 veces mayor del inicial.
Agregar sal, pimienta y eneldo fresco picado.
Servir el pescado y salsear con el sabayón. Acompañar con hojas
verdes.

165

■ Quiche de mejillones

Tiempo de preparación: 25 minutos
Tiempo de cocción: 50 minutos
Menú: Entrada
Porciones: 10-12

Ingredientes

Masa:
  250 g de harina
  125 g de manteca
  1 yema
  1 pizca de sal
  4 cucharadas de agua fría
Relleno:
  1 kg de mejillones
  100 g de panceta
  4 huevos
  150 cm³ de crema de leche
  150 cm³ de leche
  aceite
  sal
  pimienta negra recién molida
  hierbas frescas

Procedimiento

En un bol colocar la harina, la sal y la manteca fría en cubos. Reducir a migas. Incorporar la yema, agua y formar un bollo homogéneo sin amasar demasiado. Cubrir con papel film y dejar reposar en frío durante 2 horas.
En una olla colocar un chorrito de aceite. Agregar los mejillones y cocinar a fuego medio hasta que se abran. Separarlos de sus valvas.
En una sartén caliente, sin materia grasa, rehogar la panceta cortada en bastones. Reservar.
Mezclar los huevos, la leche, la crema de leche, sal, pimienta negra recién molida y hierbas picadas.
Estirar la masa sobre un molde previamente enmantecado. Disponer los mejillones en la base. Agregar la panceta y cubrir con la mezcla de huevos.
Cocinar en horno medio durante 40-45 minutos aproximadamente.

◼ PEJERREY CON REFRITO DE AJO

Tiempo de preparación: 20 minutos
Tiempo de cocción: 30 minutos
Menú: Plato principal
Porciones: 4

INGREDIENTES

8 filetes de pejerrey sin espinas
aceite de oliva
4 dientes de ajo
2 cucharadas de vinagre de vino
perejil fresco
4 cucharadas de manteca
Guarnición:
2 papas grandes hervidas
½ taza de crema de leche
1 y ½ taza de espinacas cocidas
nuez moscada
sal
pimienta negra recién molida

PROCEDIMIENTO

En una sartén caliente con aceite de oliva dorar los filetes de lado y lado. Salpimentar. Retirar y reservar.
En la misma sartén rehogar los ajos cortados en láminas bien finas. Agregar el vinagre y reducir. Salpimentar y espolvorear con perejil picado. Incorporar el pescado nuevamente en la sartén y calentar. Agregar la manteca y cocinar hasta disolver. Rectificar condimento.
Reducir la papas a puré y llevar a fuego bajo junto con las espinacas picadas y la crema de leche. Calentar muy bien y condimentar con sal, pimienta negra recién molida y una pizca de nuez moscada.

▪ Pesca del día con guacamole y chips de papa

¡¡Este plato es espectacular!! Súper simple y les aseguro que los va a sorprender...

Tiempo de preparación: 25 minutos
Tiempo de cocción: 20 minutos
Menú: Entrada
Porciones: 4

Ingredientes

4 filetes de pescado de 200 g
6 cucharadas de salsa de soja
aceite de oliva
Guacamole:
3 paltas chicas maduras
jugo de 2 limones
1 cebolla
1 tomate
1 chile verde
cilantro fresco
Chips de papa:
2 papas grandes
aceite para freír
sal
pimienta negra recién molida

Procedimiento

En una sartén con aceite de oliva dorar los filetes de lado y lado. Agregar salsa de soja. Bajar el fuego, pimentar y cocinar durante 6 minutos más.
Extraer la pulpa de las paltas y con un tenedor reducir a puré. Incorporar la cebolla picada finamente, el tomate cubeteado, chile, jugo de limón, sal, pimienta negra y cilantro. Integrar muy bien y reservar.
Cortar láminas bien finas de papa. Secar sobre un paño y freír en abundante aceite hasta dorar. Secar sobre papel absorbente y salar.
Servir el pescado con las papas crocantes y el guacamole.

Ravioles negros de pescado y camarones

Tiempo de preparación: 45 minutos
Tiempo de cocción: 10 minutos
Menú: Plato principal
Porciones: 4

Ingredientes

Masa:
- 500 g de harina 0000
- 5 huevos
- 1 cucharada de aceite de oliva
- 1 sobre de tinta de calamar
- sal

Relleno:
- 1 clara de huevo
- 3 filetes de pescado
- 100 g de camarones
- ralladura de la cáscara de 1 naranja
- ciboulette
- pimienta negra recién molida
- sal

Salsa:
- 200 g de manteca
- ralladura de la cáscara de 2 limones
- 20 hojas de salvia fresca

Procedimiento

En un bol colocar la harina y la sal. Realizar un hueco en el centro y añadir huevos, la tinta de calamar y un chorrito de aceite. Unir todo y amasar hasta obtener un bollo liso y homogéneo. Cubrir con papel film y reservar en la heladera durante 30 minutos.

Estirar hasta obtener un grosor de 2 mm y cortar en rectángulos parejos de 30 cm.

Procesar la carne de pescado y los camarones con una clara de huevo. Salpimentar. Agregar la ralladura de naranja y ciboulette picada.

Disponer porciones de este relleno con la ayuda de una cuchara pequeña sobre la masa dejando algunos centímetros entre porción y porción. Humedecer los bordes de la masa con agua. Colocar otro rectángulo de masa por encima y armar los ravioles asegu-

rando muy bien los extremos. Cortar a cuchillo o con la raviolera.
Cocinar los ravioles en abundante agua hirviendo con sal gruesa.
En una sartén derretir la manteca junto con la ralladura de cáscara
de limón y la salvia fresca a fuego bien bajo. Salpimentar.
Servir los ravioles y salsear con la manteca de limón y salvia.

Algunas sugerencias
de Martiniano

Los calamares utilizan la tinta para defenderse en un ataque. La liberan para teñir el agua y así escapar fácilmente de su depredador, sin que éste logre verlo.
Entonces, cuando limpien los calamares tengan especial cuidado porque pegada a las vísceras se encuentra la tinta en una bolsita pequeña y alargada. Le cortan la punta y la retiran.
Esta tinta también se consigue en las pescaderías de categoría, supermercados o casas de productos distinguidos.

RISOTTO DE PESCADO

Tiempo de preparación: 10 minutos
Tiempo de cocción: 20 minutos
Menú: Plato principal
Porciones: 4

INGREDIENTES

400 g de arroz arbóreo o carnaroli
2 cebollas
2 dientes de ajo
150 cm³ de vino blanco
caldo de pescado
2 filetes de merluza
ralladura de 1 limón
ciboulette
3 cucharadas de manteca
sal
pimienta negra recién molida
aceite

PROCEDIMIENTO

En una sartén caliente con aceite saltear las cebollas picadas finamente durante 5 minutos. Incorporar arroz, ajo picado y cocinar hasta transparentar. Agregar vino blanco y reducir hasta evaporar el alcohol. Añadir caldo de pescado caliente a medida que la preparación lo necesite. Remover constantemente.
A los 15 minutos de cocción incorporar el pescado cortado en trozos chicos junto con la ralladura de limón.
Una vez listo el arroz salpimentar, espolvorear con ciboulette picada y agregar la manteca. Apagar el fuego y mezclar muy bien.
Dejar reposar tapado durante 2 minutos y servir.

171

■ RISOTTO DE VIEYRAS

Tiempo de preparación: 20 minutos
Tiempo de cocción: 30 minutos
Menú: Plato principal
Porciones: 4

INGREDIENTES

1 kg de vieyras
400 g de arroz carnaroli
1 cebolla
2 dientes de ajo
1 bulbo de hinojo
1 cebolla de verdeo
1 puerro
100 cm^3 de vino blanco
caldo de verduras
jugo y ralladura de 1 lima
50 g de manteca
perejil picado
sal
pimienta negra

PROCEDIMIENTO

En una sartén con aceite de oliva saltear la cebolla, el ajo, el hinojo,
la cebolla de verdeo y el puerro picados finamente. Agregar el arroz
y transparentar. Incorporar vino blanco y cocinar hasta evaporar el
alcohol.
Agregar el caldo de verduras caliente a medida que la preparación lo
vaya necesitando.
Cuando el arroz esté casi a punto, incorporar las vieyras, el jugo y la
ralladura de lima, sal, pimienta negra recién molida y perejil picado.
Una vez obtenido el punto del arroz, retirar del fuego y agregar manteca. Mezclar muy bien.
Dejar reposar durante un minuto y servir.

Rollos de pescado con crema de azafrán

Tiempo de preparación: 20 minutos
Tiempo de cocción: 15 minutos
Menú: Plato principal
Porciones: 4

Ingredientes

8 filetes de pescado (merluza, lenguado, abadejo, etc.)
8 fetas de panceta ahumada
salvia fresca
3 puerros
jugo de 3 limones
aceite de oliva
Salsa:
200 cm³ de vino blanco
1 cápsula de azafrán
100 cm³ de crema de leche
ciboulette fresca
Guarnición:
400 g de espinacas
2 dientes de ajo
manteca
sal
pimienta

Procedimiento

Rociar los filetes con jugo de limón. Salpimentar y espolvorear con salvia picada. Saltear el puerro cortado en juliana y colocarlo sobre los filetes. Envolver con panceta ahumada y sujetarlos con pinchos de madera. Cocinar los rollos en horno fuerte durante 8 minutos.
En una olla a fuego suave reducir el vino blanco y azafrán hasta la mitad de su volumen. Incorporar la crema de leche y reducir a tres cuartos de su volumen. Salpimentar y espolvorear con ciboulette picada.
En una sartén con manteca agregar los dientes de ajo machacados. Incorporar las espinacas y saltear unos minutos. Salpimentar y retirar los ajos.
Servir los rollos de pescado sobre las espinacas salteadas y salsear con la crema de azafrán.

■ SALMÓN BLANCO CON ARROZ INTEGRAL Y VERDURAS GRILLADAS

Tiempo de preparación: 15 minutos
Tiempo de cocción: 15 minutos
Menú: Plato principal
Porciones: 4

INGREDIENTES

4 rodajas de salmón blanco de 250 g cada una
sal
pimienta negra recién molida
aceite de oliva
Guarnición:
2 tazas de arroz integral
1 berenjena
1 zucchini
1 zanahoria
aceite
aceto balsámico
sal y pimienta
albahaca fresca

PROCEDIMIENTO

En una sartén caliente con aceite de oliva dorar el pescado de lado y lado. Salpimentar, retirar y terminar la cocción en horno medio durante 10 minutos.
Cocinar el arroz en agua con sal. Una vez listo cortar la cocción en agua helada. Reservar.
Cortar la berenjena, el zucchini y la zanahoria en láminas finas y cocinar en una plancha caliente con aceite. Salpimentar.
Combinar las verduras con el arroz. Salpimentar y agregar un poco de aceto balsámico y albahaca fresca picada.
Servir el pescado con la ensalada de arroz integral y verduras grilladas.

▪ TARTA DE PUERRO Y LANGOSTINOS

Tiempo de preparación: 20 minutos
Tiempo de cocción: 30 minutos
Menú: Entrada
Porciones: 8-10

INGREDIENTES

Masa:
  200 g de harina
  100 g de manteca
  1 huevo
  sal
Relleno:
  200 g de langostinos
  2 puerros
  30 g de panceta ahumada
  2 dientes de ajo
  aceite de oliva
  ciboulette
  sal y pimienta
  4 huevos
  100 cm³ de leche

PROCEDIMIENTO

Desmenuzar la manteca fría con la harina y la sal previamente tamiza-
das. Unir con huevo y formar un bollo liso sin amasar. Dejar descansar
en heladera tapado con papel film durante 10 minutos. Estirar con palote y forrar un molde. Pinchar la masa y precocinar hasta secar.
En una sartén saltear la panceta cortada en cubos chicos. Agregar el
puerro y el ajo picados y los langostinos cortados en trozos chicos.
Condimentar con sal, pimienta y ciboulette picada. Reservar.
Mezclar los huevos con la leche. Añadir a la preparación anterior.
Colocar la mezcla sobre la masa precocida y llevar al horno hasta
terminar la cocción.
Esta tarta se puede consumir fría o tibia, pero siempre que prepare-
mos un relleno con leche o con crema hay que darle un tiempo, luego de cocinarla, para que los huevos coagulen y le den firmeza a la
tarta. Si quisieran reemplazar los langostinos, lo pueden hacer por
camarones, pero siempre hay que tratar de que sean crudos, al igual
que los langostinos.

◼ Terrina de pescado con salsa fría de remolachas

Tiempo de preparación: 15 minutos
Tiempo de cocción: 20 minutos
Menú: Entrada
Porciones: 10

Ingredientes

500 g de filet de merluza
500 g de filet de gatuzo
2 claras de huevo
100 g de miga de pan blanco molida
2 dientes de ajo
1 cebolla grande
1 zanahoria
sal
pimienta negra recién molida
tomillo
aceite de oliva
Salsa:
2 remolachas grandes
2 cucharadas de mostaza en polvo
3 cucharadas de vinagre
1 cucharada de azúcar
1 pizca de rábano picante o jengibre en polvo

Procedimiento

En una sartén bien caliente con aceite de oliva saltear cebolla, zanahoria y ajo picados finamente.
En un bol mezclar los pescados molidos, las claras de huevo, la miga de pan y las verduras previamente salteadas. Salpimentar, agregar tomillo fresco picado y mezclar muy bien.
Colocar la mezcla en un molde (terrina) cubierto con papel film y cocinar en horno fuerte durante 15 minutos.
Cocinar las remolachas en agua hirviendo hasta que estén tiernas. Procesar y combinar con la mostaza, el vinagre, el rábano picante, azúcar, sal y pimienta.
Servir la terrina con la salsa fría de remolachas.

Trillas con tapenade y puré de berenjenas y pimientos

Tiempo de preparación: 10 minutos
Tiempo de cocción: 30 minutos
Menú: Plato principal
Porciones: 4

INGREDIENTES

12 trillas medianas limpias
aceite de oliva
Tapenade:
3 filetes de anchoa
200 g de aceitunas negras descarozadas
1 taza de albahaca fresca
2 dientes de ajo
2 zucchinis
Puré:
3 pimientos rojos
3 berenjenas
Salsa:
200 cm^3 de vino blanco
100 g de manteca
hierbas frescas
sal
pimienta

PROCEDIMIENTO

Cocinar las trillas en una sartén con aceite de oliva de ambos lados hasta dorar durante 3 ó 4 minutos por lado. Salpimentar.
Procesar los filetes de anchoa junto con las aceitunas negras, el ajo y las hojas de albahaca fresca hasta formar una pasta. Emulsionar con aceite de oliva. Salpimentar. Cortar los zucchinis en láminas finas y grillarlos de ambos lados. Intercalar láminas de zucchini con tapenade. Reservar.
Reducir el vino blanco, agregar cubos fríos de manteca hasta montar. Condimentar con hierbas frescas y salpimentar.
Asar los pimientos enteros y las berenjenas cortadas a la mitad en el horno hasta que estén tiernas. Retirar la pulpa de las berenjenas. Pelar los pimientos y hacer un puré con ambos vegetales. Salpimentar.
Presentar las trillas con la salsa de manteca y acompañar con una porción de zucchini con tapenade y un poco del puré de berenjenas y pimientos.

177

■ Trucha rellena de espinacas y flan de brócoli

Tiempo de preparación: 15 minutos
Tiempo de cocción: 50 minutos
Menú: Plato principal
Porciones: 4

INGREDIENTES

4 truchas limpias enteras y despinadas
jugo de 2 naranjas
1 cebolla picada
350 g de espinacas frescas
4 huevos
3 cucharadas de manteca
100 g de almendras peladas
hierbas frescas
Flan:
300 g de brócoli hervido procesado
1 taza de crema
3 huevos
sal
pimienta negra

PROCEDIMIENTO

En una sartén con manteca saltear las espinacas picadas groseramente junto con la cebolla picada.
En una sartén a fuego bajo colocar los huevos y batir enérgicamente hasta obtener un revuelto liso y cremoso. Reunir espinacas, huevos, almendras molidas, sal y pimienta. Rellenar las truchas y colocar en una bandeja para horno. Rociar con el jugo de naranjas y agregar hierbas frescas. Cocinar en el horno a 180°C durante 12 minutos aproximadamente.
Mezclar el puré de brócoli con crema, huevos, sal y pimienta. Colocar la mezcla en moldes individuales o en una terrina grande previamente enmantecados y cocinar en horno bajo a baño de María hasta que cuajen.
Servir las truchas rellenas acompañadas de los flanes.

PASTAS Y MASAS

▪ Arrollado de verduras

Receta de "La Volpe", que mi padre también realiza y cada vez la perfecciona más. Mis viejos, grandes seres humanos y excelentes cocineros, además de ser farmacéuticos y bioquímicos.

Tiempo de preparación: 40 minutos
Tiempo de cocción: 25 minutos
Menú: Plato principal
Porciones: 8

Ingredientes

Masa:
- 500 g de harina
- 5 huevos
- sal
- agua fría, cantidad necesaria

Relleno:
- 6 atados de espinacas
- 300 g de ricota
- 2 dientes de ajo
- aceite de oliva
- 1 taza de queso rallado
- 4 huevos
- sal
- pimienta negra recién molida

Procedimiento

Para la masa unir todos los ingredientes y amasar hasta lograr dos bollos lisos. Estirar en forma circular.

Hervir la espinaca, escurrir y procesar. Saltear los ajos picados finamente en una sartén con aceite de oliva. Mezclar con las espinacas, la ricota, sal, pimienta, el queso rallado y los huevos.

Extender el relleno sobre cada disco de masa. Enrollar cada uno por separado envueltos en un paño de algodón fino. Atar los dos extremos entre sí con hilo, para formar un arrollado circular.

Cocinar en abundante agua hirviendo con sal durante 20 minutos. Retirar, desenvolver y cortar en rodajas de 3 centímetros de grosor. Colocar en una fuente para horno con una salsa tradicional para pastas caseras (nuestro conocido tuco) y espolvorear con queso rallado. Llevar al horno y servir bien calientes.

181

■ Bizcochos de grasa

Esta receta me la dio Ariel, excelente panadero y profesor del Colegio de Cocineros Gato Dumas.

Tiempo de preparación: 15 minutos
Tiempo de cocción: 10 minutos

Ingredientes

1 kg de harina
400 g de grasa de pella
30 g de sal
30 g de levadura
300 cm³ de agua
100 g de harina para espolvorear

Procedimiento

Colocar todos los ingredientes en un bol y unir bien. Amasar hasta lograr una masa uniforme.
Estirar a un espesor de 5 mm. Cortar con un molde redondo dando así forma de bizcochos.
Cocinar en horno a temperatura máxima durante 10 minutos.

◼ BRIOCHE RELLENO CON JAMÓN Y QUESO

Tiempo de preparación: 50 minutos
Tiempo de cocción: 15 minutos

INGREDIENTES

Esponja:
    250 g de harina
    70 g de levadura
    150 cm³ de agua
Masa:
    750 g de harina
    150 g de azúcar
    25 g de sal
    7 huevos
    150 g de manteca pomada
Relleno:
    300 g de jamón cocido picado
    300 g de queso parmesano rallado
    huevo para pintar

PROCEDIMIENTO

Reunir los ingredientes de la esponja. Colocar en un recipiente, tapar con papel film y dejar duplicar su volumen en un ambiente caluroso y seco.

Trabajar los ingredientes de la masa hasta lograr un bollo liso. Unir con la esponja y trabajar nuevamente hasta que esté bien homogéneo. Estirar e incorporar la manteca. Amasar rápidamente.

Estirar en forma rectangular y espolvorear con el queso rallado y el jamón picado. Enrollar y dejar doblar el volumen. Cortar en porciones, pintar con huevo y hornear a 170°C durante 15 minutos o hasta dorar.

■ Cintas caseras con salsa suave de ajos

Tiempo de preparación: 40 minutos
Tiempo de cocción: 30 minutos
Menú: Plato principal
Porciones: 4

Ingredientes

Masa:
    400 g de harina
    4 huevos
    2 cucharadas de aceite de girasol
    sal
    pimienta
    sal gruesa
Salsa:
    3 cabezas de ajo
    250 cm^3 de crema de leche
    perejil fresco

Procedimiento

En un bol mezclar harina, huevos, sal, pimienta y aceite de girasol. Trabajar hasta lograr una masa lisa y homogénea. Cubrir con papel film y reservar en la heladera durante 30 minutos.
Estirar la masa hasta un grosor de 3 mm aproximadamente. Cortar cintas de 1,5 cm de ancho.
Pelar los dientes de ajo y colocar en una olla. Cubrir con aceite de girasol y cocinar a fuego bajo durante 30 minutos. El aceite no debe hervir. Retirar los dientes y reducir a puré. Mezclar con la crema de leche y calentar en una sartén. Reservar tibio.
Cocinar la pasta en abundante agua hirviendo con sal gruesa hasta que esté al dente.
Agregar a la sartén y mezclar muy bien. Salpimentar, agregar perejil picado y sartenear para integrar los sabores.
Servir bien caliente.

Ensalada de pasta fresca

Tiempo de preparación: 20 minutos
Tiempo de cocción: 10 minutos
Menú: Entrada
Porciones: 8-10

INGREDIENTES

500 g de penne rigatte
1 pimiento rojo cortado en juliana
1 cebolla de verdeo cortada en juliana
1 tomate redondo cortado en gajos
100 g de queso gruyère en láminas
½ coliflor blanqueada
1 lata de choclo
100 g de chauchas blanqueadas
500 g de hojas de espinaca
100 g de jamón cocido en dados
sal gruesa
Aliño:
12 cucharadas de aceite de oliva
hierbas picadas
2 cucharadas de vinagre de alcohol
2 cucharadas de jugo de limón
sal
pimienta negra recién molida

PROCEDIMIENTO

Cocinar la pasta en abundante agua hirviendo con sal gruesa. Retirar al dente y cortar la cocción en un bol con agua helada. Escurrir, rociar con aceite y reservar.
En un bol combinar la cebolla de verdeo picada, tomate, coliflor, choclo, chauchas, espinaca picada, jamón cocido, queso, pimiento rojo y la pasta previamente cocida.
Para el aliño disolver la sal en el jugo de limón. Agregar vinagre, hierbas, pimienta negra recién molida, emulsionar con aceite de oliva. Aderezar la ensalada y mezclar bien.
Servir la ensalada como entrada o como guarnición de alguna carne o pescado.

185

▧ FETTUCCINI CON ALBÓNDIGAS

Tiempo de preparación: 45 minutos
Tiempo de cocción: 30 minutos
Menú: Plato principal
Porciones: 8

INGREDIENTES

Masa:
   1 kg de harina 0000
   6 huevos
   2 yemas
   4 cucharadas de aceite de oliva
   sal
   pimienta
   sal gruesa
Albóndigas:
   800 g de carne de ternera picada
   ¾ taza de pan rallado
   3 cucharadas de queso parmesano rallado
   1 cebolla picada fina
   2 cucharadas de perejil fresco picado
   1 huevo batido
   ¼ taza de harina
   2 cucharadas de aceite de oliva
Salsa:
   1 lata de tomate triturado
   ½ taza de caldo de carne
   ½ taza de vino tinto
   2 cucharadas de perejil fresco
   1 diente de ajo

PROCEDIMIENTO

Para la masa combinar en un bol la harina, los huevos, las yemas, el aceite de oliva, sal y pimienta. Trabajar la masa hasta obtener un bollo liso y homogéneo.
Estirar a 2 mm de espesor y cortar los fettuccini de 1 cm de ancho. Cocinar la pasta en abundante agua hirviendo con sal gruesa.
En un recipiente combinar todos los ingredientes para las albóndigas. Una vez integrado todo, formar esferas chicas con las palmas

de las manos. Cocinar las albóndigas en una sartén con aceite o directamente en el horno apenas rociadas con aceite.
Para la salsa colocar el tomate, el caldo y el vino tinto en una olla a fuego suave. Salpimentar e incorporar las albóndigas ya cocidas. Espolvorear con perejil y ajo picados.
Calentar muy bien y salpimentar.
Servir la pasta en un plato hondo y colocar la salsa de albóndigas por encima.

ALGUNAS SUGERENCIAS

DE MARTINIANO

Las pastas pueden hacerse de distintos colores y sabores, utilizando hierbas y especias, al igual que en las crêpes.
Me gusta mucho la pasta de hongos: agrego a la masa con 1 kg de harina, 100 g de puré de hongos secos. ¡Riquísimo!

LASAÑA DE CALABAZA

Tiempo de preparación: 40 minutos
Tiempo de cocción: 30 minutos
Menú: Plato principal
Porciones: 4

INGREDIENTES

Masa:
    500 g de harina 0000
    5 huevos
    1 chorrito de aceite de oliva
    sal
    pimienta
Relleno:
    2 calabazas grandes
    tomillo
    aceite de oliva
    200 g de queso parmesano rallado
    manteca

PROCEDIMIENTO

En un bol colocar la harina con sal y pimienta. Realizar un hueco en el centro y agregar los huevos y el aceite de oliva. Unir todos los ingredientes amasando sobre la mesada hasta obtener una masa lisa y homogénea. Cubrir con papel film y reservar tapado durante 30 minutos. Estirar la masa hasta 2 mm de grosor y cortar rectángulos de 15 x 10 cm aproximadamente. Cocinar en agua hirviendo con sal gruesa. Cuando estén al dente retirar y cortar la cocción en un bol con agua helada.
Cortar la calabaza en mitades y cocinar en horno a temperatura media, con unas gotas de aceite de oliva, hasta que esté bien tierna. Retirar, pelar y reducir a puré.
En una fuente para horno enmantecada colocar un rectángulo de masa. Disponer por encima una capa de puré de calabaza. Salpimentar y espolvorear con tomillo fresco y queso parmesano rallado. Repetir esta operación hasta completar la fuente. Terminar con cubos de manteca y abundante queso parmesano rallado por encima. Gratinar en horno bien fuerte hasta dorar.
Cortar en porciones y servir bien caliente.

◼ LOS FIDEOS CROCANTES DE DIEGO

Tiempo de preparación: 15 minutos
Tiempo de cocción: 25 minutos
Menú: Plato principal
Porciones: 4

INGREDIENTES

500 g de spaghetti
3 cebollas de verdeo
2 puerros
perejil fresco
ciboulette fresca
albahaca fresca
50 g de manteca
aceite de oliva
sal
pimienta negra recién molida

PROCEDIMIENTO

Cocinar la pasta en abundante agua hirviendo con sal. Cortar la cocción en agua fría. Reservar.
Cortar en rodajas finas la cebolla de verdeo y el puerro. Saltear en aceite de oliva, mezclar con la pasta y salpimentar.
Separar cada porción y disponer en fuentes individuales para horno. Cubrir con trozos de manteca. Espolvorear con perejil, ciboulette y albahaca picados.
Cocinar en horno fuerte hasta dorar bien toda la superficie y lograr así los fideos bien crocantes.
Servir con un poco de aceite de oliva.

◾ Los ñoquis de batata de Ferrari

Tiempo de preparación: 40 minutos
Tiempo de cocción: 15 minutos
Menú: Plato principal
Porciones: 4

INGREDIENTES

1 kg de batatas
sal gruesa
150 g de harina
1 huevo
1 yema
50 g de queso parmesano rallado
sal
pimienta
Salsa:
100 g de manteca
salvia fresca

PROCEDIMIENTO

Cocinar las batatas con cáscara hasta que estén bien tiernas. Pelar y reducir a puré (no utilizar procesadora sino pisapuré).
Armar una corona con la harina. Incorporar el huevo, la yema, el puré de batatas, queso parmesano, sal y pimienta.
Unir muy bien y hacer rollitos. Si es necesario, trabajar con harina extra para evitar que la masa se pegue a la mesada. Cortar los ñoquis. Cocinarlos en abundante agua hirviendo con sal gruesa.
Derretir la manteca a fuego bien bajo, incorporar las hojas de salvia.
Agregar los ñoquis, salpimentar y servir.

■ MALFATTI DE ESPINACAS

Tiempo de preparación: 20 minutos
Tiempo de cocción: 25 minutos
Menú: Plato principal
Porciones: 6

INGREDIENTES

800 g de espinacas cocidas y escurridas
1 cebolla
2 cucharadas de manteca
200 g de ricota
100 g de queso parmesano rallado
3 huevos
nuez moscada
250 g de harina 0000
Salsa:
12 tomates redondos pelados y sin semillas
1 taza de hojas de albahaca
2 dientes de ajo
3 anchoas
sal
pimienta negra recién molida

PROCEDIMIENTO

Procesar los tomates junto con las hojas de albahaca fresca, el ajo y las anchoas. Salpimentar y calentar. Reservar tibia.
En una sartén caliente con manteca rehogar la cebolla picada finamente hasta tiernizar. Retirar y combinar con las espinacas picadas, ricota, huevos, queso parmesano, nuez moscada, sal y pimienta negra recién molida. Añadir la harina de a poco y trabajar hasta lograr una pasta homogénea. Colocar la mezcla en una manga.
Sobre una olla con agua hirviendo cortar trocitos de masa para que caigan sobre el agua. Una vez que suben a la superficie, retirar y colocar en una fuente. Bañar con la salsa de tomate caliente, espolvorear con queso y disfrutar en familia.

■ Nuestro chipá pequeño

Tiempo de preparación: 20 minutos
Tiempo de cocción: 25 minutos

INGREDIENTES

200 cm³ de leche
jugo de ½ limón
120 g de manteca
2 huevos
500 g de harina de mandioca
1 cucharadita de polvo de hornear
15 g de sal
150 g de queso gruyère
50 g de queso parmesano
100 g de queso tipo Mar del Plata

PROCEDIMIENTO

Colocar la leche en una olla y llevar a ebullición. Agregar el jugo de limón. Incorporar la manteca y mezclar hasta fundir. Una vez tibia añadir los huevos y mezclar.
Por otro lado, en un bol combinar la harina de mandioca, sal, polvo de hornear, queso parmesano rallado y los otros quesos en cubos chicos.
Verter la mezcla de leche y huevos sobre los ingredientes del bol y formar una masa uniforme y algo quebradiza.
Armar bollos chicos y disponer sobre una placa enmantecada.
Hornear a fuego fuerte durante 15 minutos aproximadamente.

◼ Ñoquis de morrón

Tiempo de preparación: 30 minutos
Tiempo de cocción: 20 minutos
Menú: Plato principal
Porciones: 4

Ingredientes

1 kg de puré de papas
50 g de queso rallado
200 g de harina
1 huevo
1 yema
sal
pimienta
1 morrón de lata
Salsa:
4 tomates frescos
200 g de carne en cubos
1 cebolla
100 g de aceitunas negras sin carozos
sal
pimienta negra

Procedimiento

Cocinar las papas con piel hasta que estén tiernas. Pelar y reducir a puré.
Sobre la mesada armar una corona con la harina. En el centro agregar la yema, el huevo, el puré de papas, el queso rallado, sal, pimienta negra recién molida y el morrón de lata procesado.
Integrar poco a poco los ingredientes hasta lograr una masa lisa y homogénea. Si es necesario, trabajar con harina extra para evitar que la masa se pegue a la mesada.
Hacer rollitos con la masa y cortar los ñoquis del tamaño deseado.
En una olla con agua hirviendo y sal gruesa, cocinar los ñoquis hasta que suban a la superficie.
En una sartén caliente con aceite dorar los trozos de carne. Agregar la cebolla picada finamente y el tomate cortado en cubos sin piel y sin semillas.
Cocinar a fuego bajo durante 15 minutos. Agregar los ñoquis a la

sartén junto con las aceitunas negras. Calentar por unos minutos y salpimentar.

Servir en platos hondos y a último momento agregar pimienta negra recién molida y queso rallado.

ALGUNAS SUGERENCIAS DE MARTINIANO

Cuando hacemos ñoquis es importante que el puré sea lo más seco posible, así tendremos que incorporar menos harina. Si la masa tiene mucho líquido, absorberá más harina y obtendremos ñoquis con menos sabor y más pesados.

Además, debemos trabajar la masa lo menos posible. El amasado debe ser rápido para no liberar el almidón de la papa, que hará que la preparación necesite más harina.

194

Pan árabe

Tiempo de preparación: 40-60 minutos
Tiempo de cocción: 10 minutos

INGREDIENTES

500 g de harina
1 cucharada de sal
1 cucharada de levadura en polvo
1 cucharadita de azúcar
375 cm³ de agua tibia

PROCEDIMIENTO

Mezclar la harina con la sal. En un bol mezclar el azúcar, la levadura y 150 cm³ de agua tibia. Dejar reposar la mezcla durante 10 a 12 minutos.
Con la batidora en marcha incorporar la mezcla de la levadura a la de harina y sal y agregar el agua restante.
Untar un bol con aceite, colocar la bola de masa en el interior. Cubrir con un paño húmedo y esperar que duplique su volumen. Cortar en bollitos pequeños y dejar que vuelva a duplicar su volumen. Trabajar formando discos de 3 mm de espesor con la ayuda de un palote. Hornear en horno bien fuerte durante 2 a 3 minutos.

Estos panes son llamados pita. Se pueden utilizar para hacer sándwiches o para acompañar pastas de distintos sabores: garbanzos, palta, berenjenas, etc. Se pueden congelar ya cocidos en bolsas para freezer. Son realmente exquisitos.

PAN DE SALVADO

Tiempo de preparación: 20 minutos
Tiempo de cocción: 20 minutos

INGREDIENTES

1 kg de harina 0000
2 cucharadas de sal
100 g de manteca
700 cm³ de agua
150 g de salvado
50 g de levadura fresca

PROCEDIMIENTO

Colocar en un bol la harina, la sal, la manteca, el agua y el salvado. Amasar un poco. Incorporar la levadura y amasar hasta lograr una masa uniforme y suave.
Cortar piezas del tamaño y de las formas deseados. Disponer en una placa y dejar leudar hasta que dupliquen su volumen.
Pintar con manteca derretida y cocinar en horno a temperatura alta.

Cuando se cocina el pan es importante la incorporación de humedad en la masa. Para ello, si no tenemos un horno panadero, lo que hacemos es poner en el horno un recipiente metálico con agua tibia. De esta manera, cuando el agua comienza a evaporarse incorporamos el vapor en el pan. Muy sencillo.

▪ PAN FRANCÉS

Tiempo de preparación: 20 minutos
Tiempo de cocción: 20 minutos

INGREDIENTES

1 kg de harina
600 cm³ de agua
15 g de sal
100 g de grasa
50 g de levadura

PROCEDIMIENTO

Colocar en un bol la harina, la sal, la grasa y el agua. Mezclar un poco. Incorporar la levadura. Amasar hasta lograr una masa uniforme y suave. Dejar descansar tapado durante 10 minutos en lugar cálido.
Cortar piezas y armar bollos. Colocar en placas y dejar leudar hasta que dupliquen su volumen. Cortar con bisturí o trincheta la superficie de los panes y cocinar en horno a 200°C con vapor.

197

■ Panes saborizados

Tiempo de preparación: 60 minutos
Tiempo de cocción: 20 minutos

Ingredientes

Esponja:
   250 g de harina
   125 cm³ de leche
   50 g de levadura
Amasijo:
   750 g de harina
   25 g de sal
   100 g de manteca
   375 cm³ de leche
   200 g de queso gruyère

Procedimiento

Para la esponja, en un bol mezclar la levadura con la leche hasta disolver bien e incorporar la harina. Dejar descansar tapado hasta que duplique su volumen.
Sobre la mesa de trabajo armar una corona con harina y sal. Disponer en el centro la manteca, queso cortado en cubos chicos y leche. Amasar todos los ingredientes hasta formar un bollo tierno. Dejar reposar durante 5 minutos.
Unir ambas preparaciones y amasar para incorporarlas bien. Dejar descansar durante 10 minutos tapado.
Cortar y armar panes de diferentes formas. Dejar leudar hasta que dupliquen su volumen.
Cocinar a 200°C con vapor hasta que doren levemente. Una vez salidos del horno, pintar con manteca derretida.

Se pueden variar los ingredientes para así cambiar los sabores. Por cada kg de harina se utilizan de 10 a 15 g de especias o 200 g de ingredientes suaves, como queso, jamón, verduras, etc.

Panzotti de radicchio y blue cheese

Tiempo de preparación: 50 minutos
Tiempo de cocción: 20 minutos
Menú: Plato principal
Porciones: 6

Ingredientes

600 g de harina
4 huevos
sal
pimienta negra recién molida
aceite de oliva
Relleno:
4 plantas pequeñas de radicchio rosso
2 echalottes
100 cm^3 de crema de leche
150 g de blue cheese
ciboulette
Salsa:
500 cm^3 de salsa de tomate
100 cm^3 de crema de leche
4 filetes de anchoa
tomillo fresco

Procedimiento

Para la masa unir harina, sal, pimienta negra recién molida, huevos y 3 cucharadas de aceite de oliva. Trabajar hasta lograr un bollo liso y homogéneo. Cubrir con papel film y refrigerar por media hora. Estirar a 2 mm de grosor y cortar en círculos de 2 a 4 cm de diámetro.
Cortar echalottes y radicchio finamente. En una sartén con aceite de oliva saltear por unos minutos. Agregar la crema de leche y reducir a seco. Retirar del fuego y combinar con el blue cheese, sal, pimienta negra recién molida y ciboulette picada. Mezclar bien.
Sobre los círculos disponer porciones de relleno y humedecer los bordes. Tapar con otro círculo y armar los panzotti.
Cocinar en abundante agua hirviendo con sal gruesa.
Calentar la salsa de tomate con la crema de leche y los filetes de anchoa picados. Salpimentar y agregar tomillo fresco.
Servir los ravioles acompañados de la salsa de tomates y anchoas.

199

◼ Pappardelle con panceta, tomates y gotas de pesto

Tiempo de preparación: 30 minutos
Tiempo de cocción: 15 minutos
Menú: Entrada
Porciones: 6

Ingredientes

Masa:
    400 g de harina
    2 huevos
    2 yemas
    2 cucharadas de aceite de oliva
    3 cucharadas de agua
    sal
    pimienta
Salsa:
    50 g de tomates cherry
    200 g de panceta ahumada
    2 echalottes
    2 dientes de ajo
Pesto:
    1 taza de hojas de albahaca
    50 g de nueces
    1 diente de ajo
    aceite de oliva

Procedimiento

En un bol colocar la harina, sal y pimienta. Realizar un hueco en el centro y agregar agua, aceite de oliva, huevos y yemas. Unir de a poco todos los ingredientes y trabajar la masa hasta obtener un bollo liso y homogéneo. Estirar finamente y cortar las pappardelle de 2 cm de ancho. Cocinar en abundante agua hirviendo con sal gruesa.
En una sartén con aceite de oliva saltear las echalottes y los ajos picados finamente. Agregar la panceta en cubos y cocinar durante 3 minutos. Incorporar la pasta a la sartén y saltear. Salpimentar y agregar los tomatitos.
En un recipiente procesar las hojas de albahaca, nueces, ajo, sal pimienta y aceite de oliva. Reservar.
Servir la pasta y rociar con gotas de pesto por encima.

▪ PASTA CORTA CON MOLLEJAS Y VERDEO

Tiempo de preparación: 15 minutos
Tiempo de cocción: 20 minutos
Menú: Plato principal
Porciones: 4

INGREDIENTES

400 g de pasta corta seca
500 g de mollejas de corazón
2 cucharadas de vinagre
4 cebollas de verdeo
100 cm³ de vino blanco
jugo de 2 limones
200 g de tomates cherry
aceite de maíz
sal
pimienta

PROCEDIMIENTO

En una olla con agua fría y vinagre colocar las mollejas y cocinar durante 8 minutos a partir de que rompa hervor. Retirar y enfriar. Cortar en láminas de 1 cm de espesor. Dorarlas en una sartén caliente con aceite y luego incorporar la cebolla de verdeo picada y saltear por unos minutos. Agregar vino blanco y reducir hasta evaporar el alcohol.
Cocinar la pasta en abundante agua hirviendo con sal gruesa. Retirar al dente y agregar a la sartén. Mezclar la pasta con el salteado de mollejas. Agregar el jugo de limón y salpimentar.
Servir la pasta con las mollejas doradas. A último momento agregar los tomates cherry en mitades.

PENNE RIGATTE CON CREMA DE CEBOLLAS

Tiempo de preparación: 15 minutos
Tiempo de cocción: 25 minutos
Menú: Plato principal
Porciones: 4

INGREDIENTES

500 g de penne rigatte
sal gruesa
4 cebollas
2 puerros
1 taza de caldo de verduras
200 cm³ de crema de leche
200 g de camarones
ciboulette fresca
pimienta negra recién molida
sal
aceite

PROCEDIMIENTO

Cocinar la pasta en abundante agua hirviendo con sal gruesa. Cortar el puerro en aros chicos. Picar la cebolla. En una sartén caliente con aceite saltear ambos vegetales hasta tiernizar. Retirar y licuar junto con el caldo de verduras. Colocar en una sartén grande y llevar al fuego junto con la crema de leche. Salpimentar y agregar los camarones. Cocinar durante 2 minutos y agregar la pasta al dente. Si la crema está demasiado líquida, incorporar queso parmesano rallado. Espolvorear con ciboulette fresca picada, mezclar bien y servir en una gran fuente o en la misma sartén.

Penne rigatte con espárragos

Tiempo de preparación: 20 minutos
Tiempo de cocción: 15 minutos
Menú: Plato principal
Porciones: 4

Ingredientes

500 g de penne rigatte
sal gruesa
500 g de espárragos verdes
1 zanahoria
150 g de jamón crudo
1 cebolla
100 cm³ de jerez
300 cm³ de crema de leche
100 g de queso parmesano rallado
pimienta negra recién molida
sal
aceite

Procedimiento

Cocinar los espárragos en agua hirviendo con sal. Cortar la cocción en un recipiente con agua helada. Quitarles la fibra y reservar.
En una sartén con aceite saltear el jamón crudo cortado en cubos chicos. Agregar la cebolla y la zanahoria cortadas en juliana y saltear unos minutos. Incorporar el jerez y reducir hasta evaporar el alcohol. Por último agregar los espárragos previamente cocidos y la crema de leche. Salpimentar.
Cocinar la pasta en abundante agua hirviendo con sal gruesa. Retirar al dente. Incorporar a la salsa y mezclar bien.
A último momento espolvorear con queso parmesano rallado y servir.

■ Pizza a la piedra por cuatro

Tiempo de preparación: 20 minutos
Tiempo de cocción: 30 minutos

Ingredientes

700 g de harina 0000
30 g de levadura fresca
3 cucharadas de grasa
1 cucharada de azúcar
1 cucharada de sal gruesa
400 cm³ de agua

Procedimiento

Tamizar la harina. Entibiar el agua. Fuera del fuego agregar levadura y azúcar. Disolver muy bien y reservar en un lugar cálido.
Sobre la mesada de trabajo armar una corona con la harina y la sal gruesa. Agregar en el centro el agua, la grasa y comenzar a tomar la masa de a poco, trabajando del centro hacia fuera. Trabajar la masa hasta obtener un bollo liso y homogéneo, un tanto húmedo.
Cortar en 4 bollos y dejar reposar tapado en un lugar cálido hasta que dupliquen su volumen. Estirar a palote hasta un grosor de 3 mm aproximadamente y cocinar en el piso del horno con todos los ingredientes que se desee.
Si el horno no tiene piso de piedra entonces cocinar en moldes con el horno bien caliente.

1- De ajos y berenjenas

Tiempo de preparación: 10 minutos
Tiempo de cocción: 40 minutos

Ingredientes

3 cabezas de ajo
2 berenjenas
2 cebollas
100 g de queso mozzarella
aceite de oliva
sal
pimienta negra recién molida

Procedimiento

Colocar las cabezas de ajo enteras en una fuente para horno. Rociar con aceite de oliva y cocinar en horno a temperatura media durante 40 minutos aproximadamente o hasta tiernizar. Retirar y extraer la pulpa.

Cortar las cebollas en láminas finas y saltear en una sartén caliente con aceite de oliva durante 5 minutos. Agregar las berenjenas en rodajas y cocinar por 8 minutos más. Salpimentar.

Cubrir una de las pizzas con el puré de ajos asados. Disponer cebollas y berenjenas por encima. Cubrir con queso mozzarella y rociar con aceite de oliva.

Cocinar en horno fuerte hasta dorar.

2- De alcauciles y jamón crudo

Tiempo de preparación: 10 minutos
Tiempo de cocción: 10 minutos

INGREDIENTES

salsa de tomate
orégano fresco
350 g de corazones de alcauciles cocidos
150 g de jamón crudo
150 g de queso mozzarella
aceite de oliva
sal
pimienta negra recién molida

PROCEDIMIENTO

Pintar la masa con la salsa de tomate. Espolvorear con orégano fresco picado. Cubrir con el jamón crudo y sobre éste disponer los corazones de alcauciles. Salpimentar, rociar con aceite de oliva y terminar con el queso mozzarella.
Hornear a 200°C hasta que el queso se derrita muy bien.

3- DE CEBOLLAS

Tiempo de preparación: 10 minutos
Tiempo de cocción: 10 minutos

INGREDIENTES

2 cebollas coloradas
2 cebollas blancas
1 cebolla de verdeo
1 puerro
100 g de queso provolone rallado
ciboulette
aceite de oliva
pimienta negra recién molida
sal

PROCEDIMIENTO

En una ollita con aceite de oliva saltear las cebollas y el puerro cortados en láminas finas. Salpimentar.
Cubrir la masa de pizza con las cebollas y espolvorear con abundante ciboulette picado. Cubrir con queso provolone rallado y hornear a 200°C hasta dorar.

4- De frutos del mar

Tiempo de preparación: 10 minutos
Tiempo de cocción: 10 minutos

INGREDIENTES

salsa de tomate
200 g de camarones
400 g de calamares
2 dientes de ajo picados
perejil
aceite de oliva
sal
pimienta negra recién molida

PROCEDIMIENTO

Pintar la masa con la salsa de tomate. Limpiar los calamares y cortar el tubo en aros.
En una sartén caliente y con aceite de oliva saltear los calamares durante unos minutos. Agregar los camarones, el ajo picado, perejil y salpimentar.
Cubrir la pizza con este salteado y cocinar en horno fuerte durante 10 minutos.
Al salir del horno rociar con aceite de oliva y espolvorear con abundante perejil picado.

◾ Prepizza de los viernes

Tiempo de preparación: 30 minutos
Tiempo de cocción: 10 minutos

Ingredientes

1 kg de harina
7 cucharadas de aceite
50 g de levadura fresca
30 g de sal
600 cm³ de agua

Procedimiento

Mezclar la harina con el aceite, la sal y el agua. Incorporar la levadura y amasar hasta obtener una masa suave.
Cortar en cinco partes iguales, bollar cada una y colocar en moldes para pizza previamente aceitados, dejar leudar hasta que doblen su volumen, tapados.
Estirar con los dedos prolijamente hasta cubrir el molde.
Si la pizza va a llevar tomate, cubrir con salsa. Si va a ser una pizza blanca (de cebollas, espinacas, etc.) pintar con aceite.
Cocinar en horno a temperatura máxima durante 10 minutos.

■ Ravioles de calabaza con manteca de hierbas

Tiempo de preparación: 35-40 minutos
Tiempo de cocción: 40 minutos
Menú: Plato principal
Porciones: 4

Ingredientes

Masa:
  600 g de harina
  4 huevos
  1 cucharada de aceite de oliva
  1 cápsula de azafrán
  sal
  pimienta
  agua, cantidad necesaria
Relleno:
  1 calabaza grande
  300 g de queso crema
  200 g de queso parmesano
  nuez moscada
  sal
  pimienta
  sal gruesa
Salsa:
  manteca
  1 taza de hierbas frescas picadas (orégano, tomillo, albahaca, salvia)

Procedimiento

Mezclar la harina con el resto de los ingredientes y trabajar hasta lograr una masa homogénea. Tapar con papel film y dejar reposar en heladera durante 30 minutos. Estirar y reservar.

Asar la calabaza en mitades en el horno durante 40 minutos a fuego medio. Pelar y reducir a puré. Mezclar con queso crema, queso parmesano rallado, sal, pimienta y nuez moscada.

Disponer el relleno sobre la masa y armar los ravioles. Cocinar en abundante agua hirviendo con sal gruesa.

En una sartén grande derretir abundante manteca a fuego bajo. Agregar las hierbas. Colocar los ravioles en la sartén, salpimentar y servir.

◼ Ravioles de papa y rúcula

Tiempo de preparación: 30 minutos
Tiempo de cocción: 10 minutos
Menú: Plato principal
Porciones: 6

Ingredientes

500 g de masa básica para pasta
Relleno:
1 kg de papas
300 g de hojas de rúcula
4 cucharadas de queso pecorino rallado
sal
nuez moscada
aceite
pimienta negra recién molida
Salsa:
250 g de tomates cherry
50 g de manteca
100 cm^3 de vino blanco
hierbas frescas

Procedimiento

Estirar la masa de un grosor de 2 mm aproximadamente.
Cocinar las papas con cáscara en agua hirviendo con sal. Retirar, pelar y reducir a puré.
En un recipiente combinar puré de papas, rúcula picada, queso pecorino, sal, pimienta negra y nuez moscada.
Colocar porciones del relleno sobre la masa estirada dejando unos centímetros entre porción y porción. Pintar los bordes con huevo batido, cubrir con masa y marcar los ravioles. Cortar y reservar.
Cocinar en una olla con abundante agua hirviendo con sal gruesa.
Para la salsa saltear los tomates cherry en mitades con manteca. Incorporar el vino blanco y cocinar hasta evaporar el alcohol. Salpimentar.
Servir los ravioles y salsear por encima. Espolvorear con hierbas frescas y queso rallado.

Ravioles integrales de brócoli

Tiempo de preparación: 35 minutos
Tiempo de cocción: 10 minutos
Menú: Plato principal
Porciones: 4

INGREDIENTES

Masa:
    300 g de harina 000
    300 g de harina integral extrafina
    5 huevos
    1 cucharada de aceite de oliva
    sal
Relleno:
    1 cebolla
    200 g de flores de brócoli cocido
    200 g de ricota
    1 yema de huevo
    sal
    pimienta negra recién molida
Salsa:
    200 cm³ de crema de leche
    curry
    hierbas frescas

PROCEDIMIENTO

Formar una corona con las harinas en la mesa de trabajo y colocar en el centro los huevos ligeramente batidos, sal y una cucharada de aceite de oliva.
Unir todos los ingredientes y amasar hasta obtener un bollo liso y homogéneo. Cubrir con papel film y reservar en la heladera durante 1 hora.
Estirar hasta obtener un grosor de 3 mm aproximadamente.
Saltear la cebolla picada finamente en una sartén con un poco de aceite de oliva. Procesar el brócoli y mezclar con la ricota, la cebolla salteada y una yema. Salpimentar.
Disponer porciones de este relleno sobre la masa dejando algunos centímetros entre porción y porción. Humedecer los bordes con agua. Colocar otro rectángulo de masa por encima y armar los ravioles. Cortar a cuchillo o con una rueda para ravioles.

Cocinar en abundante agua hirviendo con sal gruesa.
Calentar la crema de leche y cuando rompa hervor incorporar curry en polvo. Salpimentar y agregar los ravioles. Espolvorear con hierbas frescas picadas y servir.

Algunas sugerencias

de Martiniano

Cuando quiero hacer ravioles y no tengo ganas de amasar, utilizo masa de wonton. Se vende en tiendas orientales y sirve para hacer empanadas o ravioles, ya sean hervidos o fritos.
Es importante que el relleno sea seco, que tenga cuerpo, para poder armarlos correctamente. Por lo tanto, dejo la ricota escurriendo algunos minutos para eliminar el líquido.

■ Risotto de hongos

Tiempo de preparación: 15 minutos
Tiempo de cocción: 25 minutos
Menú: Plato principal
Porciones: 4

Ingredientes

400 g de arroz carnaroli
1 cebolla
1 diente de ajo
1 echalotte
100 cm³ de vino blanco
aceite de oliva
caldo de verduras
1 cápsula de azafrán
100 g de champignones
100 g de hongos portobello
100 g de hongos secos
150 g de queso parmesano rallado
3 cucharadas de manteca
ciboulette
sal
pimienta negra

Procedimiento

En una sartén con aceite de oliva rehogar cebolla, ajo, echalote picados finamente. Agregar el arroz y saltear durante 3 minutos. Incorporar vino blanco y cocinar hasta evaporar el alcohol. Agregar caldo de verduras caliente a medida que la preparación lo necesite. Remover constantemente e incorporar el azafrán.
Hidratar los hongos secos en agua hasta que queden tiernos.
En otra sartén con aceite de oliva saltear los hongos fileteados. Salpimentar.
Cuando el arroz esté casi a punto incorporar los hongos salteados y los secos hidratados. Salpimentar. Al final agregar manteca, queso parmesano rallado y ciboulette picada e integrar muy bien. Retirar del fuego, tapar y dejar reposar durante 2 minutos antes de servir.

Risotto de remolachas

Tiempo de preparación: 20 minutos
Tiempo de cocción: 25 minutos
Menú: Plato principal
Porciones: 6

Ingredientes

600 g de arroz carnaroli o arbóreo
20 espárragos
2 remolachas
2 cebollas medianas
1 diente de ajo picado
150 cm^3 de vino blanco
1,5 litro de caldo de verduras
3 cucharadas de manteca
200 g de queso parmesano rallado
perejil fresco
sal
pimienta negra recién molida
aceite de oliva

Procedimiento

Cocinar las remolachas en agua hirviendo con sal y una vez tiernas procesarlas con un poco del agua de cocción para lograr un puré líquido y bien liso.
Cocinar en agua hirviendo los espárragos y cortar la cocción en agua fría. Reservar sólo las puntas.
En una sartén con aceite de oliva rehogar las cebollas picadas finamente.
Incorporar el ajo picado y el arroz.
Saltear a fuego vivo y luego agregar vino blanco. Reducir hasta evaporar el alcohol.
Añadir caldo de verduras caliente a medida que la preparación lo vaya necesitando y no dejar nunca de revolver con una cuchara de madera.
Unos minutos antes de que el arroz esté al dente, incorporar el puré de remolachas y las puntas de espárragos.
Agregar cubos de manteca fría, queso parmesano rallado, pimienta y mezclar muy bien.

215

Dejar reposar tapado durante 2 minutos.
Servir con perejil fresco picado.

Algunas sugerencias

de Martiniano

El risotto puede prepararse de múltiples maneras: con verduras, pescados, hongos, carne de cordero, etcétera. Es importante que el caldo esté caliente y se incorpore de a poco, para que al moverlo constantemente vaya desprendiendo el almidón que se encuentra dentro de los granos; esto hará que la preparación quede bien cremosa.

▦ SPAGHETTI CON PESTO ROJO

Tiempo de preparación: 10 minutos
Tiempo de cocción: 10 minutos
Menú: Plato principal
Porciones: 4

INGREDIENTES

500 g de spaghetti
100 g de tomates secos
3 tomates sin piel ni semillas
50 g de nueces
2 dientes de ajo
6 cucharadas de queso parmesano rallado
150 cm^3 de aceite de oliva
1 taza de hojas de albahaca fresca
sal
pimienta negra recién molida

PROCEDIMIENTO

Hidratar los tomates secos en agua o vino blanco.
Cocinar la pasta en abundante agua hirviendo con sal gruesa.
Procesar los tomates secos previamente hidratados junto con el resto de los tomates, nueces, ajo, queso parmesano, albahaca fresca, sal, pimienta negra recién molida y aceite de oliva.
Se puede mezclar la pasta con el pesto rojo en una fuente o servir la pasta en platos individuales y colocar el pesto encima.

217

▪ Spaghetti de azafrán con pimientos

Tiempo de preparación: 40 minutos
Tiempo de cocción: 15 minutos
Menú: Plato principal
Porciones: 4

Ingredientes

Masa:
- 500 g de harina
- 3 huevos
- 2 yemas
- 2 cápsulas de azafrán
- sal

Salsa:
- 1 pimiento rojo
- 1 pimiento verde
- 1 pimiento amarillo
- 250 cm³ de salsa de tomate
- 50 g de aceitunas negras
- 3 filetes de anchoa
- aceite de oliva
- albahaca fresca
- pimienta negra recién molida

Procedimiento

Armar una corona de harina sobre la mesada de trabajo. En el centro colocar huevos, yemas, sal y el azafrán diluido en 2 cucharadas de agua.

Integrar muy bien y trabajar la masa hasta tener un bollo liso y maleable. Estirar con la ayuda de una sobadora o con palote y cortar los spaghetti.

Cocinar en una olla con abundante agua hirviendo con sal.

En una sartén bien caliente con aceite de oliva saltear los pimientos cortados en juliana fina. Agregar la salsa de tomate y calentar. Por último añadir aceitunas negras fileteadas, anchoas picadas, sal y pimienta negra recién molida.

Incorporar la pasta a la sartén y mezclar muy bien. Espolvorear con albahaca fresca y servir.

Tarta de quesos "Se acabó"

Se llama así porque cuando mamá la hace... ya se acabó.

Tiempo de preparación: 30 minutos
Tiempo de cocción: 20 minutos
Menú: Entrada

INGREDIENTES

Masa:
    250 g de harina
    50 g de azúcar
    1 pizca de sal
    125 g de manteca fría
    2 yemas
    agua fría, cantidad necesaria
Relleno:
    200 g de queso blanco
    100 g de queso roquefort
    200 g de queso fresco
    300 g de queso gruyère
    100 g de queso parmesano rallado
    3 huevos
    pimienta negra recién molida

PROCEDIMIENTO

Colocar sobre la mesada harina junto con azúcar y sal. Añadir manteca fría en cubos y trabajar con los dedos hasta formar un arenado. Incorporar las yemas y trabajar la masa con agua fría, sin amasar demasiado. Llevar a la heladera durante 1 hora y forrar una tartera. Pinchar la superficie y precocinar en horno a temperatura media durante 7 minutos.

Mezclar el queso roquefort desmenuzado con el queso blanco, el fresco previamente picado y el gruyère en cubos chicos. Agregar el queso rallado y los huevos. Pimentar.

Colocar la mezcla sobre la masa precocida y hornear hasta dorar. Servir tibia o fría.

219

■ Triángulos de berenjena y ricota

Tiempo de preparación: 40 minutos
Tiempo de cocción: 25 minutos
Menú: Plato principal
Porciones: 4

Ingredientes

Masa:
400 g de harina
3 huevos
1 yema
2 cucharadas de extracto de tomate
sal y pimienta
aceite
Relleno:
5 berenjenas
200 g de ricota
sal
pimienta
Salsa:
1 kg de tomates frescos sin semillas
2 dientes de ajo
1 taza de hojas de rúcula
aceite

Procedimiento

En un recipiente combinar la harina, los huevos, la yema, aceite, extracto de tomate, sal y pimienta. Trabajar la masa hasta obtener un bollo liso. Cubrir con papel film y refrigerar durante 30 minutos.
Estirar la masa en tiras de 2 mm de espesor y 1 cm de ancho.
Cortar las berenjenas en mitades. Rociar con aceite y hornear hasta tiernizar. Retirar del horno, extraer la pulpa y reducir a puré. Combinar con la ricota, sal y pimienta.
Para el armado de los ravioles disponer porciones del relleno sobre los rectángulos de masa, dejando algunos centímetros entre cada porción. Cubrir con otro rectángulo de masa humedeciendo previamente los bordes con agua. Asegurar muy bien y cortar ravioles triangulares.
Cocinar en una olla con abundante agua hirviendo con sal gruesa.
Colocar los tomates enteros y los ajos en una fuente. Salpimentar, rociar con aceite y cocinar en horno medio durante 15 minutos. Reti-

rar y pelar los tomates. Procesar junto con los ajos y hojas de rúcula fresca. Calentar en una sartén.

Agregar los ravioles a la sartén de la salsa y calentar por unos minutos. Servir y espolvorear con queso rallado.

Algunas sugerencias

de Martiniano

Estos triángulos son una opción para no hacer siempre ravioles de la forma tradicional. Podemos hacerlos como se nos ocurra, pero debemos cerrar bien los bordes para que no se abran durante la cocción. Podemos, por ejemplo, cortar la masa en círculos, rellenar y doblar; así quedarán "medialunas". Si a los triángulos los unimos en dos de sus puntas obtenemos los famosos cappelletti.

Dulces

■ BAVAROIS DE BANANA CON SALSA DE DULCE DE LECHE

Tiempo de preparación: 30 minutos
Tiempo de cocción: 2 minutos
Menú: Postre
Porciones: 4-6

INGREDIENTES

Base:
- 100 g de galletitas de chocolate molidas
- 100 g de almendras semimolidas
- 50 g de manteca en pomada

Bavarois:
- 7 g de gelatina sin sabor (1 sobrecito)
- 1 cucharada de brandy
- 2 cucharadas de licor de banana
- puré de 3 bananas grandes y maduras
- 1 cucharada de manteca derretida
- 4 yemas
- 100 g de azúcar
- 200 cm³ de crema de leche

Salsa:
- 100 g de dulce de leche
- 100 cm³ de crema de leche

PROCEDIMIENTO

Mezclar las galletitas molidas y las almendras junto con la manteca en pomada.

Hacer una base de 1 cm de alto en un molde y presionar muy bien. Llevar al frío y reservar.

Hidratar la gelatina en brandy y licor de bananas, fundir sobre baño maría. Reservar.

En un bol batir las yemas con la mitad del azúcar a blanco. Agregar el puré de bananas y manteca derretida. Incorporar a esta preparación la crema montada a medio punto con el azúcar restante y por último añadir la gelatina previamente hidratada. Verter esta preparación sobre la base de chocolate y refrigerar en la heladera durante 4 horas.

Para la salsa calentar la crema y el dulce de leche hasta disolver muy bien.

Servir el bavarois con la salsa de dulce de leche.

■ BAVAROIS DE MANDARINAS

Tiempo de preparación: 30 minutos
Tiempo de cocción: 5 minutos
Menú: Postre
Porciones: 8-10

INGREDIENTES

500 cm³ de jugo de mandarinas
100 g de azúcar
21 g de gelatina sin sabor (3 sobrecitos)
300 cm³ de crema de leche
Salsa toffee:
  100 cm³ de agua
  300 g de azúcar
  100 cm³ de crema de leche

PROCEDIMIENTO

En una olla colocar el jugo de mandarinas y el azúcar. Calentar hasta disolver. Incorporar la gelatina previamente hidratada en un poco de jugo de mandarinas y disolver muy bien. Retirar del fuego y reservar en frío. Batir la crema de leche a medio punto. Unir con el jugo de mandarinas con movimientos suaves.
Colocar la preparación en moldes individuales y refrigerar durante 3 horas.
Para la salsa preparar un caramelo con azúcar y agua sin revolver. Cuando comienza a tomar color dorado incorporar la crema de leche caliente y cocinar a fuego bajo hasta obtener una salsa lisa y brillante.
Desmoldar el bavarois y servir con la salsa toffee.

■ Blintzes de queso

Tiempo de preparación: 10 minutos
Tiempo de cocción: 30 minutos
Menú: Entrada o postre
Porciones: 8

Ingredientes

3 huevos
1 taza de harina
1 taza de agua
manteca
Relleno:
500 g de queso crema
1 huevo
3 cucharadas de azúcar
pimienta negra recién molida
nuez moscada
canela en polvo
crema de leche

Procedimiento

En un bol mezclar la harina y los huevos, batir muy bien y luego incorporar agua poco a poco. Reservar en la heladera durante 20 minutos.
En una sartén caliente con manteca realizar los panqueques bien
finos.
En un recipiente mezclar queso crema, el huevo, azúcar, pimienta
negra y nuez moscada. Disponer porciones sobre cada panqueque y
hacer paquetitos.
Colocar en una fuente para horno con el doblez hacia bajo y espolvorear con canela y azúcar.
Calentar unos minutos y servir con un poco de crema de leche.

■ BROWNIE DE CHOCOLATE Y SALSA DE MANDARINAS

Tiempo de preparación: 15 minutos
Tiempo de cocción: 20 minutos
Menú: Postre
Porciones: 12

INGREDIENTES

250 g de chocolate semiamargo
250 g de manteca
4 huevos
400 g de azúcar impalpable
300 g de harina
300 g de nueces
Salsa:
jugo de 6 mandarinas
6 cucharadas de azúcar
½ kg de helado de vainilla
menta fresca

PROCEDIMIENTO

Derretir el chocolate y la manteca a baño de María.
Mezclar huevos y azúcar. Agregarles el chocolate, la harina tamizada y las nueces picadas.
Colocar la mezcla en una placa para horno forrada con papel manteca y cocinar en horno bien caliente durante 15 minutos hasta obtener un centro húmedo y una superficie crocante.
Colocar el jugo de mandarinas y el azúcar en una olla a fuego bajo. Reducir hasta obtener una salsa algo espesa. Enfriar.
Servir los brownies con helado de vainilla y la salsa fría de mandarinas. Decorar con menta fresca.

■ BUDÍN DE PAN Y MANZANAS

Tiempo de preparación: 20 minutos
Tiempo de cocción: 1 hora
Menú: Postre
Porciones: 10

INGREDIENTES

200 cm³ de leche condensada
500 cm³ de leche
3 tazas de miga de pan
5 huevos
2 manzanas verdes
½ taza de azúcar para el caramelo

PROCEDIMIENTO

Mezclar la leche condensada con la leche. Agregar la miga de pan cortada en trozos medianos y remojar. Luego incorporar los huevos, mezclar bien y reservar en la heladera.
Preparar un caramelo rubio con el azúcar.
Cubrir la base de una budinera con el caramelo.
Colocar manzanas verdes cortadas en láminas en el fondo del molde.
Cubrir la preparación y cocinar el budín durante 50 minutos a temperatura moderada.
Reservar a temperatura ambiente y luego enfriar durante 3 horas en la heladera.
Desmoldar sobre un recipiente con bordes altos para que el caramelo no se derrame.
Acompañar con crema batida o dulce de ciruelas.

■ Budín marmolado de chocolate y limón

Tiempo de preparación: 15 minutos
Tiempo de cocción: 30 minutos
Porciones: 12

INGREDIENTES

250 g de azúcar impalpable
250 g de manteca
50 g de miel
3 huevos
150 cm³ de leche
350 g de harina
2 cucharadas de fécula de maíz
1 cucharada de polvo de hornear
100 g de chocolate semiamargo
jugo y ralladura de 1 naranja

PROCEDIMIENTO

En un recipiente batir manteca en pomada, azúcar impalpable y miel hasta obtener una crema lisa. Incorporar los huevos y luego la leche. Tamizar fécula de maíz, harina y polvo de hornear. Agregar al batido. Mezclar bien.
Dividir la mezcla en 2 partes. A una de las mitades incorporarle el chocolate derretido a baño de María. A la mitad restante agregarle jugo y ralladura de naranja.
En una budinera enmantecada y enharinada alternar capas de ambas mezclas. Con una cuchara mezclar levemente para lograr el especto marmolado.
Cocinar en horno a temperatura media durante 30 minutos.
Una vez tibio desmoldar y servir.

■ BUÑUELOS DE FRUTAS CON CREMA DE COCO

Tiempo de preparación: 15 minutos
Tiempo de cocción: 10 minutos
Menú: Postre
Porciones: 4-6

INGREDIENTES

1 taza de harina leudante
3 cucharadas de azúcar impalpable
1 huevo
½ taza de leche
aceite mezcla para freír
2 bananas en cuartos
2 manzanas en octavos
3 rodajas de ananá en bastones gruesos
Crema:
2 tazas de leche
100 g de coco rallado
½ taza de crema
2 cucharadas de azúcar

PROCEDIMIENTO

En un recipiente combinar harina leudante, azúcar impalpable, el huevo y leche. Integrar muy bien hasta lograr una masa lisa, pesada y homogénea. Pasar los trozos de fruta por la mezcla, retirar el excedente y freír en abundante aceite caliente hasta dorar. Retirar y secar sobre papel absorbente.
En una olla calentar la leche, la crema y el coco rallado. Agregar azúcar y cocinar hasta disolver muy bien. Mantener en ebullición durante 3 minutos y apagar el fuego. Reposar unos minutos. Tamizar y enfriar.
Servir los buñuelos de frutas con la crema de coco fría.

CREMA CHIBOUST DE LIMÓN

Tiempo de preparación: 20 minutos
Tiempo de cocción: 5 minutos
Menú: Postre
Porciones: 6

INGREDIENTES

7 g de gelatina
ralladura y jugo de 2 limones
300 cc de leche
50 g de azúcar
3 yemas
3 cucharadas de fécula de maíz
3 claras
100 g de azúcar impalpable
6 limones ahuecados

PROCEDIMIENTO

Hidratar la gelatina en jugo de limón. Reservar.
Batir las claras a punto de nieve e incorporar azúcar impalpable en forma de lluvia. Seguir batiendo hasta lograr un merengue firme.
Calentar la leche y reservar. En un bol mezclar las yemas con 50 g de azúcar, ralladura y fécula de maíz. Añadir la leche caliente, batiendo constantemente. Volver al fuego la preparación y cocinar sin dejar de batir hasta espesar.
Unir la crema pastelera caliente con la gelatina hidratada. Mezclar bien hasta disolver. Reservar a temperatura ambiente, añadir el merengue con movimientos suaves y envolventes.
Colocar la mezcla dentro de los limones ahuecados. Reservar en el freezer durante 4 horas.
Espolvorear con azúcar la crema chiboust y gratinar en horno al máximo. Si se desea, acompañar con salsa de chocolate.

■ CREME BRULÉE DE LIMÓN

Tiempo de preparación: 30 minutos
Tiempo de cocción: 40 minutos
Menú: Postre
Porciones: 6

INGREDIENTES

500 cm³ de crema de leche
cáscara de 1 limón
gotas de esencia de vainilla
5 yemas
3 cucharadas de azúcar impalpable
100 g de azúcar rubio

PROCEDIMIENTO

Calentar la crema, la esencia de vainilla y la cáscara de limón. Apagar el fuego y dejar reposar durante 20 minutos. Retirar la cáscara del limón.
Batir yemas y azúcar impalpable. Agregar a la crema y remover a fuego bajo hasta que cubra el dorso de una cuchara de madera.
Colocar la preparación en cazuelitas pequeñas sin que supere los 2 cm de alto.
Cocinarlas en horno suave a baño de María durante 30 minutos. Retirar del horno y dejar enfriar a temperatura ambiente. Luego enfriarlos en la heladera durante cuatro horas.
Para servirlos espolvorear con azúcar rubio y gratinar.

■ CRÊPES RELLENAS DE PERAS

Tiempo de preparación: 30 minutos
Tiempo de cocción: 30 minutos
Menú: Postre
Porciones: 12

INGREDIENTES

Masa:
    1 litro de leche
    6 yemas
    2 huevos
    300 g de harina
    50 g de azúcar
Relleno:
    3 peras
    200 g de almendras peladas
    canela en polvo
Crema pastelera:
    500 cm³ de leche
    125 g de azúcar
    6 yemas
    50 g de fécula de maíz

PROCEDIMIENTO

Para la masa mezclar la harina, el azúcar, los huevos y las yemas en un bol. Agregar la leche de a poco y batir hasta lograr una mezcla homogénea. Tapar con papel film y reservar en frío por una hora.
En una sartén bien caliente con manteca realizar las crêpes y reservar.
Pelar las peras y cortar en cubos chicos. Tostar levemente las almendras fileteadas en el horno. Reservar.
Para la crema pastelera calentar la leche con la mitad del azúcar. Batir las yemas con el resto del azúcar y la fécula de maíz. Volcar la leche caliente sobre el batido de yemas y sin dejar de batir llevar a fuego bajo hasta que espese. Entibiar y mezclar con las peras, almendras tostadas y canela.
Rellenar las crêpes y doblar en forma de pañuelo. Espolvorear con azúcar y gratinar en horno bien caliente.
Servir las crêpes acompañadas de helado de crema y salsa de chocolate.

■ Cheesecake de capuchino

Tiempo de preparación: 20 minutos
Tiempo de cocción: 30 minutos
Menú: Postre
Porciones: 8

Ingredientes

Masa:
- 150 g de galletitas de vainilla
- 3 cucharadas de azúcar negra
- ½ cucharadita de canela en polvo
- 125 g de manteca derretida

Relleno:
- 225 g de queso crema
- 7 g de gelatina sin sabor
- 2 huevos
- 125 g de azúcar
- 35 g de café instantáneo en polvo
- 3 cucharadas de licor de café

Decoración:
- 100 g de chocolate blanco cobertura

Procedimiento

En un recipiente mezclar las galletas molidas, azúcar negra, canela y manteca en pomada. Colocar en la base de un molde para tortas. Presionar muy bien contra el fondo del molde para lograr una base pareja. Reservar en frío.

Separar las claras de las yemas. Mezclar las yemas con azúcar y licor de café. Cocinar sobre un baño de María batiendo constantemente hasta lograr una crema blanca. Agregar gelatina previamente hidratada y café instantáneo. Retirar del fuego y reservar.

Unir esta preparación a temperatura ambiente con el queso crema, la crema batida a tres cuartos e incorporar las claras batidas a nieve con movimientos suaves y envolventes.

Disponer el relleno sobre la base. Enfriar durante 4 horas en la heladera.

Derretir el chocolate a baño de María y dibujar un enrejado sobre la superficie de la torta, una vez que ésta esté sólida, con ayuda de una manga o cuchara.

■ CHEESECAKE DE NARANJAS

Tiempo de preparación: 40 minutos
Tiempo de cocción: 30 minutos
Menú: Postre
Porciones: 12

INGREDIENTES

Base:
200 g de galletitas de coco
125 g de manteca pomada
Relleno:
3 yemas
150 g de azúcar
3 claras
350 g de queso crema
150 cm³ de crema
14 g de gelatina (2 sobrecitos)
ralladura y jugo de 2 naranjas
Almíbar de menta:
200 g de azúcar
100 cm³ de agua
2 tazas de hojas de menta
1 naranja

PROCEDIMIENTO

Moler las galletitas y mezclarlas con la manteca en pomada. Forrar la base de un molde. Llevar a la heladera durante 10 minutos. Batir a blanco las yemas con la mitad del azúcar. Agregar el queso y mezclar bien. Hidratar la gelatina en el jugo de naranjas y calentar hasta disolver. Incorporar la ralladura junto con la gelatina a la preparación anterior. Agregar la crema a medio punto. Batir las claras a punto de nieve con el resto del azúcar. Mezclar con movimientos envolventes. Volcar en el molde y refrigerar durante 6 horas.
Llevar a hervor el jugo de la naranja, la cáscara cortada en tiras, azúcar y agua. Reducir hasta obtener un almíbar medio espeso. Dejar entibiar.
Procesar las hojas de menta con el licor y luego mezclar con el almíbar. Cubrir la superficie del cheesecake ya firme con el almíbar.
Reservar en la heladera.

■ DURAZNOS ASADOS CON MARSALA

Tiempo de preparación: 5 minutos
Tiempo de cocción: 15 minutos
Menú: Postre
Porciones: 4

INGREDIENTES

4 duraznos grandes y dulces
200 cm³ de Marsala
100 cm³ de jugo de naranja
3 cucharadas de azúcar
helado de crema

PROCEDIMIENTO

En una fuente para horno colocar los duraznos con piel cortados en mitades y sin carozo. Rociar con Marsala, jugo de naranja y espolvorear con azúcar. Cocinar en horno a temperatura media durante 10 minutos. Retirar y dejar enfriar.
Recuperar el líquido de cocción. Calentar en una ollita y reducir a la tercera parte de su volumen. Enfriar.
Servir los duraznos en platos hondos con una bocha de helado y la salsa de naranja.

■ FLAN "EL OBRERO"

Éste es el típico flan de un bodegón de La Boca. ¡Marche un flan misto, Jorgito!

Tiempo de preparación: 15 minutos
Tiempo de cocción: 2 horas
Menú: Postre
Porciones: 8

INGREDIENTES

1 litro de leche
300 g azúcar
12 huevos
esencia de vainilla
azúcar extra para caramelizar el molde
200 cm³ de crema de leche
200 g de dulce de leche

PROCEDIMIENTO

Calentar la leche con la mitad del azúcar.
En un bol batir ligeramente los huevos, el azúcar restante y la esencia de vainilla. Incorporar la leche al batido y mezclar muy bien.
Preparar un caramelo rubio con azúcar. Cubrir un molde. Verter la mezcla dentro y tapar con papel aluminio.
Cocinar en horno a baja temperatura a baño de María durante 2 horas. Dejar enfriar a temperatura ambiente y llevar a la heladera durante 3 horas.
Desmoldar y acompañar con crema batida y dulce de leche.

■ FLAN DE CAFÉ

Tiempo de preparación: 10 minutos
Tiempo de cocción: 1 y ½ hora
Menú: Postre
Porciones: 6

INGREDIENTES

500 cm³ de leche
1 rama de canela
cáscara de 2 limones
4 cucharadas de café instantáneo
6 huevos
2 yemas
150 g de azúcar
azúcar extra para caramelizar el molde
Decoración:
150 cc de crema de leche
4 cucharadas de azúcar
4 cucharadas de chocolate
2 cucharadas de manteca

PROCEDIMIENTO:

Hervir la leche junto con el café, la cáscara de limón y la canela. Mezclar las yemas junto con los huevos y el azúcar en un bol. Agregar la leche batiendo constantemente.
Caramelizar un molde, verter la mezcla dentro y cocinar a baño de María una hora y media. Dejar reposar a temperatura ambiente y luego enfriar durante 3 horas.
Batir la crema junto con el azúcar y el chocolate previamente derretido con manteca.
Servir el flan y acompañar con la crema de chocolate.

Flan de coco

Tiempo de preparación: 10 minutos
Tiempo de cocción: 1 y ½ hora
Menú: Postre
Porciones: 12

Ingredientes

1 litro de leche
200 g de coco rallado
300 g de azúcar
10 huevos
esencia de vainilla
200 g de azúcar para el caramelo

Procedimiento

Hervir la leche junto con el coco rallado y 150 g de azúcar. Dejar infusionar unos minutos y colar.
En un bol batir ligeramente los huevos, 150 g de azúcar y esencia de vainilla. Volcar la leche aún caliente sobre el batido de huevos y mezclar muy bien.
Cubrir una flanera con caramelo y colocar allí la preparación.
Cocinar a baño de María durante una hora y media. Retirar del horno y una vez que esté a temperatura ambiente llevar a la heladera durante 3 horas.
Desmoldar y servir con dulce de leche.

Flan de dulce de leche

Tiempo de preparación: 10 minutos
Tiempo de cocción: 1 y ½ hora
Menú: Postre
Porciones: 12

Ingredientes

1 litro de leche
400 g de dulce de leche
100 g de azúcar
12 huevos
2 yemas
azúcar extra para caramelizar el molde

Procedimiento

Colocar la leche en una olla y calentar sin que llegue a punto de hervor. Agregar el dulce de leche y remover hasta disolver muy bien. En un bol batir ligeramente huevos, yemas y azúcar. Volcar la leche sobre el batido e integrar muy bien.

Caramelizar un molde. Colocar dentro la mezcla y cocinar a baño de María a baja temperatura, hasta que la mezcla cuaje (aproximadamente 1 hora y media).

Retirar del horno y reservar a temperatura ambiente. Llevar a la heladera durante 4 horas.

◼ Lemon pie helado

Tiempo de preparación: 40 minutos
Tiempo de cocción: 30 minutos
Menú: Postre
Porciones: 12

Ingredientes

Masa:
   300 g de harina
   150 g de manteca
   50 g de azúcar
   1 pizca de sal
   1 huevo
Relleno:
   4 yemas
   200 g de azúcar
   4 cucharadas de fécula de maíz
   ralladura y jugo de 3 limones
   200 g de crema de leche
   3 claras
Merengue:
   3 claras
   100 g de azúcar impalpable

Procedimiento

Mezclar la harina con la sal. Incorporar la manteca fría y formar un arenado con las yemas de los dedos. Agregar azúcar y unir con el huevo. Reservar durante 30 minutos en la heladera. Estirar y colocar en una tartera. Cocinar en horno a temperatura media durante 20 minutos, hasta que la masa esté cocida.
Batir las yemas junto con el azúcar, la fécula, la ralladura y el jugo de limón. Cocinar a fuego bien bajo sin dejar de remover hasta que la preparación nape una cuchara de madera. Enfriar y mezclar con la crema batida a medio punto.
Batir las claras a punto de nieve e incorporar a la mezcla. Rellenar el molde y refrigerar.
Para el merengue, batir las claras a punto de nieve e incorporar azúcar impalpable en forma de lluvia. Continuar batiendo hasta conseguir un merengue firme y cubrir con él la torta.
Reservar en la heladera durante 4 horas.

■ Marquise de chocolate

Tiempo de preparación: 25 minutos
Menú: Postre
Porciones: 10

Ingredientes

300 g de chocolate semiamargo
150 g de manteca
150 g de azúcar impalpable
3 yemas
150 cm^3 de crema de leche
3 claras

Procedimiento

Derretir el chocolate a baño de María y reservar. En un bol mezclar la manteca en pomada con el azúcar. Una vez lograda una crema lisa y homogénea agregar las yemas e integrar muy bien. Incorporar el chocolate derretido aún caliente y batir enérgicamente.
Batir la crema a tres cuartos y unir a la preparación. Por último incorporar las claras batidas a punto de nieve con movimientos suaves y envolventes.
Colocar la mezcla en un molde previamente forrado con papel film y llevar al freezer durante 5 horas.
Servir la marquise y acompañar con helado de frambuesas.

■ MILHOJAS DE CHOCOLATE

Tiempo de preparación: 20 minutos
Tiempo de cocción: 30 minutos
Menú: Postre
Porciones: 4-6

INGREDIENTES

250 g de masa de hojaldre
150 g de azúcar impalpable
150 g de chocolate semiamargo
100 cm³ de crema de leche
Salsa de naranja:
300 cm³ de jugo de naranja
50 cm³ de licor de naranjas
50 g de azúcar
helado de crema

PROCEDIMIENTO

Estirar la masa de hojaldre hasta obtener un grosor de 3 mm aproximadamente. Cortar en rectángulos de 8 cm x 4 cm aproximadamente y cocinar en horno fuerte hasta dorar. Retirar y espolvorear con azúcar impalpable. Reservar.
Llevar la crema a ebullición. Picar el chocolate. Volcar la crema caliente sobre el chocolate y remover hasta obtener una crema lisa y homogénea. Una vez tibia colocar dentro de una manga y reservar en heladera durante 12 horas.
Para el armado repartir parte de la crema de chocolate sobre uno de los rectángulos de hojaldre. Colocar otro encima y cubrir nuevamente con más crema. Hacer una torre de cuatro capas.
Para la salsa calentar jugo de naranja, azúcar y licor en una olla. Reducir hasta obtener una cuarta parte de su volumen.
Servir el milhojas de chocolate con la salsa de naranja y acompañar con helado de crema.

◼ Milhojas de dulce de leche

Tiempo de preparación: 20 minutos
Tiempo de cocción: 30 minutos
Menú: Postre
Porciones: 15

Ingredientes

Masa:
- 500 g de harina
- 1 pizca de sal
- 3 cucharadas de azúcar impalpable
- 250 g de manteca
- 250 g de crema de leche

Relleno:
- 800 g de dulce de leche repostero
- 100 g de coco rallado

Procedimiento

Mezclar la harina con la sal y el azúcar. Agregar manteca fría en cubos y desgranarla. Unir con crema de leche y amasar bien. Separar la masa en 6 bollos y dejar descansar en la heladera durante 1 hora. Estirar cada bollo hasta formar un disco fino de 2 mm de espesor y 30 cm de diámetro. Pinchar con un tenedor la superficie y cocinar en horno fuerte hasta que dore. Repetir la operación con los demás discos.

Intercalar las capas de masa con el dulce de leche. Por último cubrir con dulce de leche y espolvorear con coco rallado.

◼ Milhojas pastelero

Tiempo de preparación: 30 minutos
Tiempo de cocción: 30 minutos
Menú: Postre
Porciones: 5

Ingredientes

Masa:
- 500 g de harina
- 1 pizca de sal
- 250 g de manteca
- 250 g de crema de leche

Relleno:
- 500 cm³ de leche
- 120 g de azúcar
- 5 yemas
- 50 g fécula de maíz
- 1 cucharadita de esencia de vainilla
- 7 g de gelatina sin sabor
- 6 claras
- 100 g de azúcar impalpable

Procedimiento

Mezclar la harina con una pizca de sal. Agregar manteca fría en cubos y desgranarla. Unir con la crema de leche. Amasar bien. Separar la masa en 5 bollos y dejarla descansar en la heladera durante 1 hora.
Estirar cada bollo en forma de disco de 3 mm de espesor del diámetro deseado. Pinchar con tenedor la superficie y cocinar en horno fuerte hasta dorar.
Unir en un bol yemas, fécula de maíz y la mitad del azúcar. Hervir la leche con la otra mitad del azúcar. Incorporar la leche a la mezcla de yemas. Cocinar sobre la hornalla removiendo constantemente hasta que espese. Retirar del fuego. Disolver la gelatina en agua fría y añadir a la crema pastelera caliente. Mezclar bien. Saborizar con esencia de vainilla.
En un bol batir las claras a punto de nieve y agregar azúcar en forma de lluvia. Continuar batiendo hasta formar un merengue firme. Incorporar a la crema pastelera en forma envolvente. Armar el milhojas intercalando masa y crema.

■ MOUSSE DE COCO Y CARPACCIO DE ANANÁ

Tiempo de preparación: 30 minutos
Tiempo de cocción: 5 minutos
Menú: Postre
Porciones: 8-10

INGREDIENTES

100 g de coco rallado
200 cm³ de leche de coco
200 cm³ de crema de leche
4 claras
100 g de azúcar
gotas de jugo de limón
1 ananá
ron
chocolate

PROCEDIMIENTO

Colocar la leche de coco y el coco rallado en un recipiente y llevar a ebullición. Apagar el fuego y reservar unos 15 minutos tapado para infusionar los sabores. Colar.
Batir la crema a medio punto y unir con la infusión de coco.
Batir las claras con el azúcar y las gotas de jugo de limón hasta obtener picos firmes. Unir a la preparación anterior con movimientos suaves y envolventes.
Pelar el ananá. Cortar rodajas bien finas y cubrir el fondo de los platos. Rociar con gotas de ron y colocar una porción de mousse de coco por encima. Enfriar y por último decorar con escamas de chocolate.

◼ MOUSSE DE FRAMBUESAS

Tiempo de preparación: 20 minutos
Tiempo de cocción: 5
Menú: Postre
Porciones: 6

INGREDIENTES

250 g de frambuesas
250 g de crema de leche
jugo de 1 naranja
7 g de gelatina (un sobrecito)
$1/3$ taza de agua
150 g de azúcar
3 claras de huevo

PROCEDIMIENTO

Cocinar el azúcar junto con el agua durante diez minutos. Reservar. Colocar las claras en un bol y batir enérgicamente incorporando en forma de hilo el almíbar hasta formar un merengue firme.
Reducir las frambuesas a puré y mezclar con el jugo de naranja. Agregar la gelatina previamente hidratada y fundida al calor. Unir esta preparación con la crema batida a medio punto. Volcar sobre el merengue y mezclar con movimientos suaves y envolventes. Colocar en moldes individuales. Refrigerar durante 3 horas.
Decorar con salsa de chocolate y hojas de menta fresca.

■ MOUSSE DE QUESO

Tiempo de preparación: 30 minutos
Tiempo de cocción: 5 minutos
Menú: Postre
Porciones: 4

INGREDIENTES

200 g de queso mascarpone o queso tipo americano
2 cucharadas de azúcar impalpable
60 g de azúcar
2 yemas
7 g de gelatina (1 sobrecito)
200 cm³ de crema de leche
100 g de frutillas
2 cucharadas de manteca
2 cucharadas de azúcar
100 cm³ de oporto

PROCEDIMIENTO

Mezclar el queso mascarpone con el azúcar impalpable. Reservar. Sobre un baño de María batir las yemas con el azúcar. Agregar la gelatina y continuar batiendo hasta obtener una preparación espumosa y clara. Unir el queso con las yemas. Por último incorporar la crema batida a tres cuartos.
Colocar la mezcla en moldes individuales y llevar a frío durante 2 horas.
Retirar el cabo de las frutillas y cortar en cuartos. Cocinar en una sartén con manteca durante dos minutos. Espolvorear con azúcar y flambear con oporto.
Desmoldar la mousse y servir acompañada de las frutillas tibias.

Pan de banana

Tiempo de preparación: 10 minutos
Tiempo de cocción: 60 minutos

Ingredientes

250 g de azúcar
1 cucharadita de bicarbonato de sodio
2 cucharaditas de polvo de hornear
1 cucharadita de sal
400 g de harina
2 huevos
4 bananas
150 g de nueces
100 g de manteca

Procedimiento

En un bol colocar harina, polvo de hornear, bicarbonato de sodio, sal y azúcar. Mezclar muy bien. Incorporar la manteca en pomada, huevos, nueces picadas y bananas reducidas a puré. Trabajar la mezcla hasta obtener una pasta uniforme.
Colocar en un molde previamente enmantecado y hornear a 180°C durante una hora aproximadamente o hasta que al introducir un cuchillo en el centro, éste salga limpio.
Dejar entibiar, cortar y servir para el café en porciones chicas o con helado como postre.

▓ PANNA COTTA CON SOPA DE FRUTOS ROJOS

Tiempo de preparación: 10 minutos
Tiempo de cocción: 10 minutos
Menú: Postre
Porciones: 6

INGREDIENTES

500 cm³ de crema de leche
50 g de azúcar
ralladura de 2 naranjas
7 g de gelatina sin sabor (1 sobrecito)
Sopa:
400 g de frutos rojos
300 cm³ de agua
200 g de azúcar
menta fresca

PROCEDIMIENTO

Calentar la crema y el azúcar hasta que rompa el hervor. Agregar la ralladura de naranja. Retirar del fuego y agregar la gelatina previamente hidratada en 2 cucharadas de agua fría. Mezclar muy bien y colocar la mezcla en moldes individuales humedecidos con agua. Reservar en heladera durante 3 horas.
Calentar agua y azúcar en una olla. Cocinar durante 6 minutos y retirar. En un recipiente colocar los frutos rojos (frambuesas, frutillas, etc.) junto con el almíbar y reservar en la heladera durante 3 horas. Cubrir el fondo de un plato hondo con la sopa de frutos rojos y colocar en el centro la panna cotta y hojas de menta fresca.

251

■ PANQUEQUES DE MANZANA

Tiempo de preparación: 20 minutos
Tiempo de cocción: 10 minutos
Menú: Postre
Porciones: 6

INGREDIENTES

300 cm³ de leche
2 huevos
150 g de harina
2 cucharadas de azúcar impalpable
2 cucharadas de manteca derretida
1 cucharadita de esencia de vainilla
2 manzanas verdes
azúcar
ron
helado de sabayón

PROCEDIMIENTO

En un bol mezclar los huevos con una parte de la harina. Incorporar en forma alternada la leche y el resto de la harina. Por último añadir la manteca, el azúcar y la esencia de vainilla. Tapar y reservar en la heladera durante 30 minutos.
En una sartén derretir una cucharada de manteca. Colocar un poco de la masa para cubrir el fondo de la sartén.
Incorporar láminas de manzana, calentar unos segundos y cubrir con otro poco de la mezcla. Girar y cocinar durante 2 minutos. Agregar azúcar y caramelizar. Por último flambear con ron.
Enmantecar un plato y espolvorear con azúcar. Colocar el panqueque en el centro y acompañar con helado de sabayón.

PERAS EN VINO ROJO Y CREMA INGLESA

Tiempo de preparación: 10 minutos
Tiempo de cocción: 40 minutos
Menú: Postre
Porciones: 4

INGREDIENTES

4 peras
1 litro de vino Borgoña
1 rama de canela
cáscara de 1 limón
100 g de azúcar
Crema inglesa:
250 cm³ de leche
250 cm³ de crema de leche
4 yemas
100 g de azúcar

PROCEDIMIENTO

Pelar las peras. Colocar en una olla vino, canela, cáscara de limón y azúcar. Cocinar a fuego medio hasta que las peras estén bien tiernas. Dejar enfriar en el líquido de cocción. Retirar y reservar.
Reducir el líquido hasta obtener un tercio del volumen original. Debe quedar una consistencia almibarada y algo espesa.
Para la crema inglesa hervir la leche con la crema y la mitad del azúcar. Por otro lado batir las yemas con el azúcar restante. Volcar la leche sobre las yemas y volver al fuego sin dejar de revolver. Cocinar lentamente hasta que la salsa nape la superficie de una cuchara de madera. Enfriar.
Para la presentación servir las peras fileteadas junto a la crema inglesa y la reducción del líquido de cocción de las peras.

PROFITEROLES CON CREMA DE CAFÉ Y CANELA

Tiempo de preparación: 20 minutos
Tiempo de cocción: 20 minutos

INGREDIENTES

Masa bomba:
    250 cm³ de agua
    250 cm³ de leche
    100 g de manteca
    1 cucharadita de sal
    1 cucharadita de azúcar
    350 g de harina
    8 huevos
Crema de café y canela:
    400 g de crema pastelera
    2 cucharadas de café instantáneo
    2 cucharadas de canela molida

PROCEDIMIENTO

En una olla colocar agua, leche, manteca, sal, azúcar y llevar a ebu-llición. Retirar del fuego y agregar harina de una sola vez. Trabajar con cuchara de madera sobre el fuego hasta secar la masa y lograr un bollo que no se pegue a los bordes de la olla. Colocar en un bol y dejar entibiar. Agregar los huevos de a uno hasta integrar muy bien. Colocar en una manga y reservar en la heladera durante 30 minutos. En una placa para horno hacer bombitas chicas y aplanar los picos con una cuchara humedecida. Hornear a 170°C. Retirar y reservar a temperatura ambiente.
Preparar la crema pastelera (véase Crêpes rellenas de peras). Agregar el café instantáneo y la canela. Mezclar muy bien y colocar en una manga. Reservar 30 minutos en la heladera.
Agujerear la base de los profiteroles y rellenar.
Servir con el café.

■ SOPA DE CHOCOLATE BLANCO Y YOGUR

Tiempo de preparación: 5 minutos
Tiempo de cocción: 2 minutos
Menú: Postre
Porciones: 6

INGREDIENTES

300 g de crema de leche
300 g de chocolate blanco
300 g de yogur natural
helado de frutilla
menta fresca

PROCEDIMIENTO

Calentar en una olla la crema de leche e incorporar el chocolate picado. Mezclar hasta obtener una preparación lisa y brillante. Agregar yogur y dejar enfriar.
Servir la sopa con helado de frutilla, decorando con menta fresca.

■ Soufflé de banana y naranja

Tiempo de preparación: 20 minutos
Tiempo de cocción: 20 minutos
Menú: Postre
Porciones: 6

INGREDIENTES

puré de 5 bananas
jugo y ralladura de 1 naranja
1 cucharadita de canela molida
1 cucharada de licor de naranjas
4 yemas
4 claras
30 g de azúcar impalpable

PROCEDIMIENTO

En un bol mezclar el puré de bananas junto con el jugo y la ralladura de naranja. Luego incorporar yemas, licor y canela.
Batir las claras con el azúcar hasta formar picos suaves. Agregar las claras al puré de bananas con movimientos suaves y envolventes.
Colocar la mezcla en moldes para soufflé previamente enmantecados hasta la mitad de su capacidad.
Cocinar en horno fuerte hasta que doren ligeramente en la superficie. Espolvorear con azúcar impalpable y servir inmediatamente.
Acompañar con salsa de dulce de leche o de chocolate.

■ STRUDEL DE MANZANA EN MASA PHILO

Tiempo de preparación: 20 minutos
Tiempo de cocción: 15 minutos
Menú: Postre
Porciones: 6

INGREDIENTES

4 hojas de masa philo
4 manzanas verdes
50 g de pasas de uva
100 g de azúcar rubia
50 g de nueces
canela en polvo
ralladura de 1 limón
1 pizca de nuez moscada
6 vainillas reducidas a migas
manteca

PROCEDIMIENTO

Pelar y rallar las manzanas. Colocar en un colador y escurrir todo el líquido.
Pincelar una placa para horno con manteca derretida. Disponer una hoja de masa philo y pintar nuevamente con manteca. Cubrir con otra masa y volver a pintar. Repetir la operación intercalando las hojas de masa.
En un bol mezclar las manzanas ralladas, pasas de uva, ralladura de limón, nuez moscada, nueces picadas groseramente, miga de vainillas, azúcar y canela.
Colocar el relleno sobre las capas de masa philo y enrollar. Pintar la superficie con manteca y cocinar en horno fuerte hasta que dore. Dejar entibiar y servir en porciones.
Acompañar si se desea con crema batida y canela en polvo.

Si no se consigue masa philo se puede utilizar masa de hojaldre estirándola bien fina.

■ Tarta de bananas caramelizadas

Tiempo de preparación: 20 minutos
Tiempo de cocción: 45 minutos
Menú: Postre
Porciones: 10

Ingredientes

Masa:
  300 g de harina
  1 pizca de sal
  200 g de manteca
  100 g de azúcar
  1 huevo
Relleno:
  5 bananas
  200 g de azúcar
  50 g de manteca
  100 g de dulce de leche repostero
Crocante:
  50 g de harina
  50 g de azúcar
  50 g de manteca
  50 g de nueces

Procedimiento

Mezclar la harina con la sal. Desgranar junto con la manteca fría. Incorporar azúcar y unir con el huevo. Dejar descansar en la heladera durante 30 minutos. Estirar, forrar un molde de tarta y cocinar en horno moderado durante 15 minutos, sólo hasta blanquear.
Realizar un caramelo con 100 g de azúcar. Agregar la manteca y mezclar. Incorporar las bananas en rodajas y retirar del fuego. Reservar.
Para el crocante, mezclar la harina con el azúcar. Desgranar junto con la manteca fría y agregar nueces picadas. Trabajar rápidamente hasta formar un arenado grueso.
Untar la masa con una capa de dulce de leche. Disponer encima las bananas caramelizadas y cubrir con el crocante. Cocinar en horno a temperatura alta durante 15 minutos hasta dorar.

Tarta de ciruelas y chocolate blanco

Tiempo de preparación: 20 minutos
Tiempo de cocción: 20 minutos
Menú: Postre
Porciones: 8

INGREDIENTES

Masa:
200 g de harina
1 cucharada de azúcar impalpable
100 g de manteca
1 huevo
60 cm³ de agua fría
Relleno:
250 g de chocolate blanco
200 g de crema de leche
7 g de gelatina sin sabor (1 sobrecito)
2 cucharadas de agua
20 ciruelas maduras

PROCEDIMIENTO

Mezclar en un bol azúcar, harina y manteca hasta obtener una mezcla arenosa. Unir con el huevo e incorporar agua. Amasar.
Cubrir con papel film y enfriar durante 1 hora.
Estirar hasta 0,5 cm de espesor y colocar en un molde para tarta.
Pinchar muy bien la base y cocinar en horno a temperatura media
Retirar y reservar.
Picar el chocolate blanco y derretir a baño de María. Retirar. Una vez que la temperatura del chocolate haya bajado unir con la crema batida a medio punto.
Incorporar la gelatina previamente disuelta en 2 cucharadas de agua y fundida al calor. Mezclar muy bien con la preparación anterior. Colocar la mezcla sobre la masa. Enfriar durante 1 hora.
Cortar las ciruelas con piel y sin carozos por la mitad. Disponer sobre el relleno dejando la piel hacia arriba para así lograr una mejor presentación.
Reservar la tarta en la heladera durante 2 horas.

■ TARTA DE CHOCOLATE Y FRUTILLAS CON CREMA DE YOGUR

Gracias, Anita, por tu creatividad a la hora de cocinar.

Tiempo de preparación: 30 minutos
Tiempo de cocción: 20 minutos
Menú: Postre
Porciones: 12

INGREDIENTES

Masa:
   250 g de harina
   4 cucharadas de cacao
   1 pizca de sal
   150 g de manteca
   50 g azúcar
   1 huevo
Crema de yogur:
   300 g de yogur natural
   100 g de azúcar
   7 g de gelatina sin sabor (1 sobrecito)
   2 cucharadas de leche
   200 g de crema de leche
   100 g de chocolate amargo
   500 g de frutillas frescas
   3 cucharadas de miel
   1 cucharada de manteca

PROCEDIMIENTO

Mezclar harina, sal y cacao. Agregar la manteca fría en trozos y desgranarla. Incorporar el azúcar y unir con el huevo. Dejar descansar
en la heladera durante 30 minutos. Estirar y forrar un molde. Cocinar
en horno a temperatura media durante 20 minutos.
Picar el chocolate y derretirlo a baño de María. Pintar con él la base de
la tarta. Llevar la tarta a la heladera para que el chocolate endurezca.
Para la crema de yogur, disolver la gelatina en leche fría y calentar.
Mezclar el yogur con azúcar. Incorporar la gelatina. Batir la crema a
tres cuartos y agregarla. Mezclar todos los ingredientes y reservar.
Rellenar la tarta con la crema de yogur. Distribuir las frutillas sobre la
crema, pintar con miel y manteca caliente y reservar en la heladera
hasta el momento de servir.

■ TARTA DE DULCE DE LECHE Y COCO

Mi hermana Anita siempre nos deleita con sus postres y dulces. Éste es un clásico de su repostería y de los más sabrosos.

Tiempo de preparación: 20 minutos
Tiempo de cocción: 30 minutos
Menú: Postre
Porciones: 10

INGREDIENTES

Masa:
    200 g de harina 0000
    1 pizca de sal
    50 g de azúcar
    100 g de manteca
    1 huevo
Relleno:
    250 g de dulce de leche
Cobertura:
    200 g de azúcar
    100 g de coco rallado
    1 huevo

PROCEDIMIENTO

En un bol mezclar harina con una pizca de sal y azúcar. Incorporar manteca fría en cubos y desgranar. Unir el huevo a esta preparación. Estirar con un palote y forrar un molde para tarta rellenando con dulce de leche.
Aparte, realizar una mezcla con el coco rallado, azúcar y el huevo. Esparcir sobre la tarta.
Hornear a temperatura media durante 30 minutos aproximadamente. Retirar del horno y dejar enfriar.

■ Tarta de frutillas

Tiempo de preparación: 20 minutos
Tiempo de cocción: 30 minutos
Menú: Postre
Porciones: 14

INGREDIENTES

Masa:
200 g de harina
80 g de azúcar
1 pizca de sal
100 g de manteca
ralladura de 1 limón
1 huevo
Crema pastelera:
500 cm³ de leche
1 rama de canela
150 g de azúcar
4 yemas
100 g de fécula de maíz
esencia de vainilla
Cubierta:
500 g de frutillas
200 g de azúcar

PROCEDIMIENTO

Tamizar la harina junto con azúcar y una pizca de sal. Trabajar la manteca fría hasta obtener un arenado. Incorporar el huevo, ralladura de limón y amasar sin trabajar demasiado. Dejar descansar 1 hora en heladera. Estirar con un palote y forrar una tartera. Cocinarla en horno fuerte.

Hervir la leche con una rama de canela. En un bol, mezclar las yemas con azúcar y fécula de maíz. Verter la leche y volver al fuego, batiendo hasta que espese. Incorporar la esencia. Retirar y dejar enfriar en un bol cubierto con papel film. Rellenar la tarta con la crema pastelera. Mezclar las frutillas cortadas en mitades con azúcar. Cocinar en una olla a fuego medio durante 5 minutos, hasta que queden tiernas. Escurrirlas y decorar la tarta con las frutillas. Reducir el líquido hasta formar una salsa espesa.

Enfriar durante una hora y servir junto con la salsa roja.

■ TARTA DE MANZANA CON STREUSEL DE NUEZ

Tiempo de preparación: 30 minutos
Tiempo de cocción: 40 minutos
Menú: Postre
Porciones: 12

INGREDIENTES

Masa:
200 g de harina
100 g de nueces molidas
1 pizca de sal
1 cucharada de canela en polvo
100 g de manteca
50 g de azúcar
1 huevo
Relleno:
6 manzanas verdes
100 g de azúcar
50 g de manteca
Streusel:
100 g de harina
100 g de nueces picadas
100 g de azúcar
1 cucharadita de canela
100 g de manteca bien fría

PROCEDIMIENTO

Mezclar las nueces molidas con harina, una pizca de sal y canela. Agregar manteca fría y desgranarla. Incorporar azúcar y unir con huevo. Reservar la masa en la heladera durante 30 minutos.
Para el relleno, pelar las manzanas y cortarlas en cubos. Colocar en una olla y agregar azúcar y manteca. Cocinar a fuego fuerte hasta que las manzanas se cocinen y pierdan todo el líquido. Reservar.
Para el streusel mezclar las nueces con la harina, la canela, el azúcar, incorporar la manteca en trocitos y desgranarla. Reservar en la heladera.
Para el armado, estirar la masa y forrar una tartera. Cocinar la masa 10 minutos en horno a temperatura media hasta blanquear. Rellenar con las manzanas y cubrir con el streusel de nuez.
Cocinar 20 minutos en horno a temperatura alta.
Se puede consumir tibia o fría.

■ TARTA DE POMELOS ROSADOS

Tiempo de preparación: 30 minutos
Tiempo de cocción: 40 minutos
Menú: Postre
Porciones: 12

INGREDIENTES

Masa:
  250 g de harina
  100 g de azúcar impalpable
  100 g de manteca
  1 huevo
  agua, cantidad necesaria
Crema de pomelos:
  200 g de azúcar
  2 cucharadas de fécula de maíz
  4 yemas
  3 huevos
  200 cm³ de jugo de pomelos rosados
  ralladura de la cáscara de 1 pomelo
  7 g de gelatina sin sabor (1 sobrecito)
  200 g de manteca

PROCEDIMIENTO

En una procesadora colocar harina, azúcar impalpable y manteca fría en cubos. Procesar hasta obtener un arenado grueso. Incorporar el huevo y la cantidad necesaria de agua fría como para tomar la masa. Retirar de la procesadora, cubrir con papel film y refrigerar durante 30 minutos. Forrar una tartera y cocinar en horno medio durante 20 minutos aproximadamente. Reservar.
En un bol batir ligeramente yemas, huevos, azúcar y fécula de maíz. Cocinar a baño de María junto con la ralladura y jugo de pomelo. Batir constantemente hasta que la mezcla espese. Por último añadir la manteca. Retirar del fuego y agregar inmediatamente la gelatina sin sabor previamente hidratada en jugo de pomelo. Integrar muy bien y colocar la crema de pomelos sobre la masa.
Refrigerar la tarta durante 4 horas. Decorar con gajos de pomelo.

■ Tiramisú

Tiempo de preparación: 25 minutos
Menú: Postre
Porciones: 4

Ingredientes

3 huevos
4 cucharadas de azúcar
250 g de queso mascarpone
¼ litro de café frío
5 cucharadas de oporto
200 g de vainillas
cacao en polvo
menta fresca

Procedimiento

Separar las yemas de las claras. Batir las yemas con el azúcar hasta blanquear. Montar las claras a punto de nieve.
Añadir el queso mascarpone a las yemas y mezclar hasta lograr una preparación homogénea.
Agregar a esta preparación las claras con movimientos envolventes.
Mezclar el oporto con el café. Humedecer las vainillas por ambos lados y colocarlas en platos hondos.
Colocar la mezcla de mascarpone sobre las vainillas.
Tapar con papel film y refrigerar durante 2 horas.
Antes de servir espolvorear con cacao en polvo. Decorar con hojas de menta fresca.

■ Torta de coco con almíbar de menta

Tiempo de preparación: 20 minutos
Tiempo de cocción: 50 minutos
Menú: Postre
Porciones: 8-10

Ingredientes

125 g de manteca
2 cucharadas de ralladura de limón
1 taza de azúcar impalpable
3 huevos
2 tazas de coco rallado
1 taza de harina leudante
⅓ taza de crema de leche
Almíbar:
1 taza de azúcar
2 cucharadas de jugo de limón
¾ taza de agua
½ taza de hojas de menta

Procedimiento

Mezclar la manteca en pomada, ralladura de limón y azúcar. Batir hasta que la preparación quede homogénea. Incorporar los huevos, el coco rallado, la harina y la crema de leche.
Verter la mezcla en un molde de 20 cm de diámetro para horno, forrado en papel manteca. Hornear durante 50 minutos a temperatura media.
Para el almíbar, poner todos los ingredientes en una olla y revolver hasta que el azúcar se haya disuelto. Dejar cocinar a fuego suave durante 8 minutos. Retirar del fuego y reservar durante 20 minutos.
Verter el almíbar tibio sobre la torta.

266

■ Torta de chocolate y dulce de leche

Tiempo de preparación: 30 minutos
Tiempo de cocción: 5 minutos
Menú: Postre
Porciones: 8-10

Ingredientes

1 pionono dulce
10 yemas
2 huevos
120 g de azúcar
300 cm³ de agua
20 g de gelatina
Mousse de chocolate:
  150 g de chocolate semiamargo
  200 cm³ de crema de leche
Mousse de dulce de leche:
  150 g de dulce de leche
  200 cm³ de crema de leche

Procedimiento

En un recipiente batir yemas y huevos hasta espumar. Preparar un almíbar liviano con azúcar y agua. Agregar al batido, en forma de hilo sin dejar de batir, hasta lograr una crema lisa y algo espesa. Incorporar la gelatina previamente hidratada y fundida al calor. Integrar muy bien y separar la mezcla en dos partes.

Derretir el chocolate a baño de María. Montar la crema a medio punto y mezclar con el chocolate. Unir con la mitad de la preparación anterior.

Para la mousse de dulce de leche batir la crema de leche a medio punto. Agregar dulce de leche y montar con batidor de alambre. Mezclar con la mitad restante del batido de huevos e integrar muy bien.

En un molde para torta colocar en la base un disco de pionono. Verter la mousse de chocolate y llevar al frío durante 40 minutos. Retirar y colocar encima la mousse de dulce de leche. Reservar la torta en frío durante 4 horas.

■ TORTA DE MANZANAS "MILÚ"

Tiempo de preparación: 15 minutos
Tiempo de cocción: 50 minutos
Menú: Postre
Porciones: 14

INGREDIENTES

5 manzanas verdes
jugo y ralladura de 1 limón
150 g de manteca
8 cucharadas de azúcar
2 huevos
esencia de vainilla
150 g de harina leudante

PROCEDIMIENTO

Pelar y cortar las manzanas en cubos chicos. Reservar y rociar con jugo de limón para evitar que se oxiden.
Mezclar la manteca en pomada con el azúcar. Añadir huevos, ralladura, esencia de vainilla y harina leudante. Incorporar las manzanas y mezclar bien todos los ingredientes.
Verter la preparación en un molde de 20 cm de diámetro previamente enmantecado y enharinado. Espolvorear con azúcar y cocinar a fuego lento durante 50 minutos.

Torta de miel

Ideal para el café o el té... y también para los materos.

Tiempo de preparación: 15 minutos
Tiempo de cocción: 60 minutos
Menú: Postre
Porciones: 10

INGREDIENTES

6 huevos
200 g de azúcar
200 g de miel
3 cucharadas de aceite
350 g de harina
2 cucharaditas de polvo de hornear
60 g de pasas
60 g de nueces
60 g de almendras
ralladura de 1 limón
1 pizca de canela
2 cucharadas de licor de mandarinas

PROCEDIMIENTO

En un bol batir huevos y azúcar hasta obtener una crema lisa. Agregar miel y aceite. Tamizar la harina, el polvo de hornear y unir con las frutas secas picadas groseramente, canela y ralladura de limón. A último momento incorporar el licor. Mezclar bien todos los ingredientes.
Colocar la mezcla en un molde previamente enmantecado y forrado con papel manteca. Cocinar en horno a temperatura media durante 60 minutos aproximadamente. Dejar enfriar en el molde.

■ Torta de ricota

Tiempo de preparación: 15 minutos
Tiempo de cocción: 30 minutos
Menú: Postre
Porciones: 12

Ingredientes

Masa:
  240 g de harina
  100 g de azúcar impalpable
  125 g de manteca en pomada
  1 yema
  2 cucharadas de leche
Relleno:
  500 g de ricota
  150 g de azúcar
  20 g de manteca derretida
  2 yemas
  ralladura de 1 lima

Procedimiento

Para la masa, mezclar azúcar impalpable con manteca. Agregar la yema de huevo. Incorporar harina y leche. Tomar la masa y cubrir con papel film. Dejar descansar la masa en la heladera durante una hora.
Mezclar todos los ingredientes del relleno.
Disponer la mitad de la masa estirada en un molde desmontable. Colocar el relleno y cubrir con el resto de la masa. Cerrar bien los bordes y cocinar en horno fuerte durante 20 minutos o hasta que la masa esté levemente dorada. Una vez fría, espolvorear con azúcar impalpable.

Torta peruana de mi abuela "Donata" hecha por mamá

Una cosa de locos. Lo digo yo, que creo haberme comido más de mil kilos de esta torta.

Tiempo de preparación: 20 minutos
Tiempo de cocción: 30 minutos
Menú: Para el mate
Porciones: 15

Ingredientes

½ taza de leche
50 g de levadura
500 g de harina
½ taza de azúcar
100 g de manteca pomada
1 huevo
1 yema
ralladura de 1 limón
200 g de manteca pomada
1 taza de azúcar

Procedimiento

Calentar la leche con una cucharadita de azúcar. Una vez tibia añadir la levadura y disolver. Dejar fermentar en lugar cálido.

En un bol mezclar la harina junto con el azúcar. Incorporar manteca blanda, el huevo, la yema, la ralladura de limón y la leche con la levadura fermentada. Amasar hasta lograr una masa tierna y lisa, que no sea pegajosa. Si es necesario, añadir un poco de leche.

Trabajar la masa en ambiente tibio, sin corrientes de aire.

Dejar en reposo en el bol hasta que duplique su volumen, tapado con papel film.

Estirar la masa sobre la mesada enharinada con ayuda de un palote. Formar un rectángulo de 0,5 a 1 cm de espesor. Untar el rectángulo con 200 g de manteca pomada. Espolvorear con azúcar y enrollar. Cortar rodajas de 4 centímetros de ancho aproximadamente.

Disponer en una fuente de horno espaciadas para que durante la cocción no se peguen.

Es una masa que se cocina en horno suave de 20 a 25 minutos. Quedan dorados, húmedos y exquisitos para el mate.

◼ TORTAS FRITAS DE FLORA

Cada vez que llovió... tortas fritas de Flora. Un fenómeno.

Tiempo de preparación: 5 minutos
Tiempo de cocción: 15 minutos

INGREDIENTES

1 kg de harina
100 g de grasa de pella
250 cm³ de agua
250 cm³ de leche
1 huevo
grasa de pella para freír

PROCEDIMIENTO

Armar una corona con la harina. En el centro colocar la grasa derretida junto con el agua, la leche y el huevo. Formar una masa lisa y tierna. Hacer bollos, estirar círculos y hacer un agujerito en el centro.
Freír en abundante grasa de pella y retirar apenas dorados. Escurrir sobre papel absorbente y espolvorear con azúcar.

▨ TRUFAS DE LA ABUELA AÍDA

Tiempo de preparación: 20 minutos
Menú: Petit four
Porciones: 15

INGREDIENTES

12 vainillas
2 cucharadas de dulce de leche
2 barritas de chocolate
1 cucharada de cognac
150 g de nueces
50 g de coco rallado

PROCEDIMIENTO

Procesar las vainillas. Combinar con el chocolate rallado, dulce de leche y por último el cognac. Mezclar muy bien hasta obtener una masa compacta.
Formar esferas chicas con las palmas de la mano.
En una bandeja combinar nueces molidas y coco rallado. Pasar las bolitas por la mezcla y reservar en la heladera durante 2 horas.
Servir con el café.

■ Tulipas rellenas con mousse de chocolate

Tiempo de preparación: 40 minutos
Tiempo de cocción: 5 minutos
Menú: Postre
Porciones: 4-6

Ingredientes

Masa para las tulipas:
  4 claras
  100 g de harina
  100 g de azúcar impalpable
  100 g de manteca derretida
Mousse de chocolate:
  200 g de chocolate semiamargo
  4 yemas
  120 g de azúcar
  100 g de crema de leche
  4 claras

Procedimiento

Para las tulipas, combinar todos los ingredientes y batir enérgicamente hasta lograr una pasta lisa. Cubrir con papel film y reservar en
la heladera durante 2 horas.
Sobre una placa siliconada o forrada en papel manteca armar discos
de 2 mm de espesor y 15 cm de diámetro. Cocinar en horno fuerte
durante 3 minutos o hasta que empiecen a dorar los bordes. Retirar
y en caliente moldear dentro de un recipiente. Dejar secar y enfriar.
Para la mousse batir yemas y azúcar hasta obtener una crema lisa y
espumosa. Derretir el chocolate a baño de María y agregar al batido
de yemas. Integrar muy bien y añadir la crema de leche batida a
medio punto. Por último incorporar las claras batidas a punto de nieve con movimientos suaves y envolventes. Colocar la mousse en un
recipiente y reservar en frío al menos 4 horas.
Servir la mousse dentro de las tulipas.

274

Martiniano Molina
c o c i n e r o

COLEGIO DE COCINEROS

Esta edición de 8.000 ejemplares
se terminó de imprimir en
Indugraf S.A.,
Sánchez de Loria 2251, Buenos Aires,
en el mes de noviembre de 2003.

www.indugraf.com.ar